DEEP MIND

심층마음을 통해 높은 파동의 삶에 이르는 법

심층마음의 바다에서 자신의 참 모습을 발견하라!

권기헌

박영사

저자서문

모든 성공의 비결은 마음을 터득하는 데 있다. 모든 성공한 사람들은 자신의 심층마음에 접근하여 자신만의 독창적인 세계를 연 사람들이다. 그것은 부와 리더십, 예술과 학문, 영성 등 그 어떤 분야를 막론하고 그렇다.

성공의 3대 요소는 비전, 의지, 시각화이다. 확고한 비전을 세우고 그것을 의지를 가지고 추진한다. 이미 그 일이 이루어진 듯한 긍정적 믿음을 토대로 창조적 시각화를 통해 기분 좋은 느낌과 높은 진동을 유지한다. 내 느낌과 주파수가 거대한 양자 연결망과 일치하면 거기에 이미 존재하는 기회, 인연, 아이디어 등이 내게 끌어당겨진다.

위대함을 꿈꾸는 사람들이 있다. 이들은 우주의 큰 힘과 깊은 차원에서 연결되어 있다. 이것은 단순한 직관과는 다른데, 보이지 않는 장으로부터 오는 높은 차원의 에너지 흐름이기 때문이다. 이것은 근원으로부터 오는 영적 재능이다. 그 깊은 곳에서 자신의 존재 이유를 발견하고, 그 길을 향해 묵묵히 걸어 나간다.

개인 차원에서 이런 일들을 성취한 사람들이 있다. 가령, 괴테, 퇴계, 미켈란젤로, 모두 자신의 신성을 온전히 보여주었다. 『젊은 베르테르의 슬픔』, 60년에 걸쳐 완성한 『파우스트』, 높은 차원의 의식과 깊은 성리학, 〈천지창조〉와 〈피에타〉와 같은 불후의 명작! 그렇다면, 천재들만 그런가? 우리는 각성하여 무엇을 구현할 것인가? 내 심층마음은 알고 있다. 높은 자아를 만나 그 뜻을 구현하는 삶을 살아야 한다. 자신 안에서 위대한 힘을 발견하고, 그 거대한 지성과 하나가 되는 길을 걸어 나가야 한다. 강한 목적의식과 불멸의 지혜, 자신만의 소명을 발견하고 그걸 이루고자 노력하는 것, 그것이 성공의 비결이다.

따라서 이 글은 DEEP MIND, 그 심층마음에 일어나는 심층 에너지 장場에 대한 탐구이다. 심층마음의 개념과 원리를 이해하면 우린 높은 파동의 삶을 구현할 수 있다. 그러한 깊고도 신성한, 텅 빈 그러면서도 밝은 의식 상태에서 온전한 나를 만날 수 있다. 그리하여 가장 나다운 독창적인 삶을 구현할 수 있다.

목차

DEEP MIND

심층마음을 통해 높은 파동의 삶에 이르는 법

DEEP MIND

심층마음을 통해 높은 파동의 삶에 이르는 법

제 1 부
높은 파동의 삶

밤하늘에 펼쳐진 장엄한 우주의 신비를 본 적이 있는가?
웅장한 계곡이나 거대한 폭포 앞에서
말문이 막힌 적이 있는가?
맑은 밤하늘에 끝없이 펼쳐진
광대무변한 은하수를 본 적이 있는가?

제 1 장
나의 꿈, 학문,
그리고 심층마음

자기 확신은 지식에서 나온다. 자기가 무엇을 좋아하는지, 좋아하지 않는지, 무엇을 할 때 신이 나고 기쁨을 느끼는지는 내면의 경험이 알고 있다. 알면 행동해야 한다. 할 수 있다고 믿으면 할 수 있다.

자신의 길을 선택해야 한다. 다른 사람들이 걷는 길을 무작정 따라가서는 안 된다. 무난한 길이 판단 기준이 되어서는 안 된다.

당신은 당신이 알고 지내는 주변의 어떤 사람들보다 크게 성공할 것이다. 자신만의 독창적인 가치를 깨닫고, 그 길을 꾸준히 걸어간다면.

나는 1983년 공무원 생활을 시작했다. 상공부(現 산업통상자원부)에서 시작한 나의 공직 생활은 매우 순탄했다. 제26회 행정고시 연수원에서 수석 졸업을 하고 국무총리상을 받은 나는 당시 인기가 높았던 미 반덤핑관세를 해결하기 위해 미국과 캐나다에 자주 출장 가는 한편 대사관 및 현대그룹 관계자들과 대책회의를 하는 등 바쁜 날들을 보냈다. 또한 장관님을 모시고 고급 호텔에서 한미 장관회담 만찬을 준비하는 등 매우 화려한 일들을 했다.

그렇게 순탄한 관료생활을 하던 중 내게 질문 하나가 떠올랐다. 깊은 내면에서 올라온 질문이었다. "그런데, 이 길이 너의 길은 맞는가?" 갑자기 그런 생각이 떠오른 것이다.

나는 생각했다. "이 길이 한 번 밖에 없는 인생의 길이라면?"

나는 매일 아침 일찍 출근해서 과천 정부청사 뒷길을 걸었다. 그 길은 관악산으로 이어지는 작은 오솔길이었다. 그 좁고 긴 길 위에서 나는 나와 끊임없는 대화를 했다. 그건 심층마음과의 대화였다.

"내가 잘하는 일은 무엇일까?", "무엇이 내게 힘을 주는가?", "무엇을 해야 나 자신에 대한 느낌이 더 좋아질까?" 한마디로, "세상에서 가장 너다운 일은 무엇이냐?"

나는 내면에서 이런 소리를 들었다. "너는 너만의 서사敍史를 써야 한다. 독창적 삶을 살아야 한다. 너만의 창세기創世紀를 써내려가라!" 내게 그건 학문의 길이었다. 학문의 진리를 발견하고 후학을 양성하며 인문학적 가치를 높이는 길이었다.

윤동주는 "별 헤는 밤"을 썼다. 황순원은 "소나기"를 썼다. 괴테는

"파우스트"를 완성했다. 칸트는 "순수이성비판"을 탄생시켰다. 꼭 그런 천재나 예술가가 아니더라도 우리 역시 우리 스스로의 승리자가 될 수 있다.

그건 심층마음과의 대화를 통해서 가능하다. 너의 생각과 이성 너머에, 더 크고 더 깊은 심층으로 들어가 근원에게 물어봐라. 네가 태어난 이유는 무엇인지, 왜 살아야 하는지, 어떨 때 가장 기쁘고 행복한지. 그 "왜"가 간절한 만큼, 나머지 "방법"은 저절로 따라올 것이다.

얼 나이팅게일이 말했듯이, 성공이란 "자신이 생각하는 가치 있는 목표를 일관되게 추구하는 것"이라면, "자신만의 세계(양자장)를 구축하고, 자신만의 생각과 믿음으로 가장 자신다운 본질을 표현하는 것, 그리고 그 노력이 누가 보더라도 일관된 것" 그 자체가 성공이다.

이 책은 "심층마음DEEP MIND"이라는 주제를 다룬다. 과연 그것이 무엇인지, 왜 알아야 하는지, 그걸 알면 무슨 도움이 되는지를 한번 살펴보고자 한다. 그리하여 많은 사람들이 자신의 길을 찾고, 또 발견하고, 함양함으로써, 인생의 부와 성공을 이루고, 가슴 뛰는 삶과 높은 파동의 삶을 살 수 있는 계기를 제공하고자 한다.

"심층마음DEEP MIND"은 성공의 길로 안내한다. 그것은 나의 진정한 모습과 열정을 발견하게 해 주기 때문이다. 그것은 내 인생의 진정한 꿈과 미션으로 안내해 준다. 성공의 조건이란 무엇일까? 꾸준함, 설렘, 장기적 방향성과 목표... 이 모든 것을 가능케 하는 첫 출발점이 "심층마음DEEP MIND"이다. 그것은 우리 의식이 가장 깊은 곳에 존재하면서

나의 진정한 자아는 누구인지, 나아가 나의 참된 열정은 어떻게 발휘
될 수 있는지를 가르쳐 준다.

제 2 장
높은 파동의 삶

당신에게 꼭 물어야 할 것이 있다. 이 세상에서 당신의 운명은 무엇인가? 당신이 이곳에서 해야 할 것은 무엇이고, 그것을 어떻게 달성할 것인가?

높은 파동의 삶이란 무엇인가?

드라마 《안나》에서 주인공 수지가 말한다. "쌤, 전 제가 마음먹은 거 다해요."

높은 파동의 삶이란 누구라도 자기 자신만의 고유 진동수를 찾아 자신이 가장 잘 구현할 수 있는 최고의 완전한 삶을 실현하는 것을 말한다. 자신의 성향과 기질에 가장 최적인 상태를 만나 자신만의 높은 파동을 고양시켜 행복하고 자유로운 삶을 창조하는 것이다.

다른 사람의 눈치를 보거나 사회적 관념에 구애되지 않고 자신만의 진동 주파수를 찾아 자신만의 가장 독창적인, 높은 파동의 삶을 구현하는 것이다.

키에르 케고르는 이를 '불안'(Anxiety)이라는 개념으로 풀었다. 인간은 모두 세상이라는 광대한 공간에 던져진 불안한 존재이므로 무의식 속에 깊이 뿌리내린 이 '불안'이라는 실체를 직시하고, 이를 '열정'이라는 대항마로 극복해낼 때 비로소 창조적이고 독창적인 삶이 열리게 된다는 것이다.

우리 각자의 내면에는 심층의식이 존재한다. 표층의식에만 초점을 두고 살 때 우리는 다른 사람들에게 휘둘리며, 그들의 지위, 권력, 부 등에 구속받아 주눅드는 삶을 살기 쉽다. 심층의식의 개념을 이해하고 거기에 접속하는 법을 터득하게 되면 그 누구라도 성공의 묘약을 발견할 수 있고, 그렇게 되면 최고로 성공한 삶, 가장 높은 파동의 삶을 창조할 수 있다.

위대한 성취

우리는 불멸의 존재이다. 우리는 필멸의 경험을 반복하고 있는 불멸의 존재이다. 우리의 본질이 "불멸의 존재"임을 안다면, 입자와 파동 넘어 근원임을 안다면, 불멸의 에너지임을 안다면, 지금 필멸의 경험을 반복하는 불멸의 근원임을 안다면, 그리하여 지금 현재는 입자적 모양과 위치값을 가졌으나 그것은 한시적일 뿐 "변하지 않는", "높은 에너지적 존재"가 나의 근원임을 안다면, 우린 지금 당장 안심할 수 있다.

하지만 우리 스스로 깨어나지 못하면 몸과 신체의식에 함몰되어 산다.

우리의 "의식"이 깨어나면 몸과 신체의식의 낮은 주파수는 벗어 던진다. 존재의 근원에 눈을 뜨게 되고 높은 파동의 알아차림이 생긴다. 내 마음 깊은 곳의 나와 마주할 때 삶은 제자리를 찾기 시작한다.

우린 모두 성공하고 싶어 한다. 밥 프록터는 말한다. "누구나 크고 원대한 것을 원합니다. 그것을 부인하지 말아야 합니다."[1] 위대한 성취를 하고 싶고 자신의 삶에서 승리하고 싶어 한다. 하지만 우리 대부분 그 방법을 잘 모른다. 『위대한 성취』를 쓴 루쓰 고티안의 연구에 따르면, 위대한 성취를 이룬 사람들은 1) 내적 동기, 2) 인내, 3) 탄탄한 기초, 4) 지속적 학습이라는 네 가지 공통점이 있었다.[2] 첫 출발점은 내적 동기이다. 즉, 내가 무엇을 좋아하고 무엇에 몰입할 수 있고 무엇을 할 때 남다른 기쁨과 에너지를 느끼는지를 발견해야 한다.

무의식 변화가 핵심이다. 키워드는 반복과 습관이다. 의지를 가지고 계속 규칙적으로 두드릴 때 문은 열린다. 우리는 고요함과 이완을 통해 깊숙한 곳, 심층마음으로 들어갈 수 있다. 거기에서 무의식을 전적으로 변화시킬 수 있으며, 이를 통해 우리는 부와 성공, 높은 파동의 삶을 실현할 수 있다.[3]

니체는 매일 일정 시간을 할애하여 산길을 걸었다. 마치 칸트가 그랬던 것처럼. 일상을 괴롭히는 모든 부담과 걱정을 내려놓고 '텅 빔' 속으로 걸어 들어갔다. 그 '텅 빔' 속에서 자연과 하나가 되었고 영적 각성이 일어났으며, 그것은 위대한 깨어남으로 이어졌다.

나 자신에게 물어보자. 나는 내 생각의 포로가 될 것인가, 그 '중력의 영'을 떨치고 나와 위대한 깨어남으로 들어갈 것인가?

"자연의 풍경 속에서 자연과 하나 되면 물아일체의 경지에 들어간다. 그 몰입 상태에서 자신을 재발견하고 기쁨, 희열, 유쾌한 전율을 느낀다."[4] 니체의 말이다. 이처럼 우리도 "의식"이 깨어나면 자기를 둘러싼 삶의 진정성에 눈을 뜨고 무엇이 자신에게 최선의 삶인지 인식하게 된다. 진동 주파수가 올라가면서 자기가 가장 잘할 수 있는 일에 집중하게 되고 가장 높은 파동의 삶을 창조하게 된다.

위대한 깨어남

자신만의 높은 파동의 삶을 창조하는 과정에서 우린 위대한 깨어남을 만난다. '위대한 깨어남'이란 우리가 단순한 필멸의 존재가 아니라는 것, 생각과 감정과 오감의 존재가 아니라는 것, 그 모든 것을 포함해 느끼고 지각하고 경험하는 불멸의 존재임을 자각하는 것이다. 불멸의 존재인 우리는 이곳에 잠시 입자의 형태로 머물고 있다.

한번 고요히 있어보라. 어느 새벽에 홀로 깨어 주변은 아직 적막한데 고요히 있어보라. 조셉 배너는 『내안의 나』에서 "고요히 하라. 고요히 하라. 그리고 그대가 신임을 알라."[5]고 말했지만, 이때 신이란 하나님이고 생명의 원초적 에너지이며 또한 마음의 장場이다. 그대의 심층 마음의 장場인 것이다. 당신의 의식이 심층으로 가면 사방은 고요하며 전체가 깨어 있다.

어디 고요한 산에 들어가 홀로 앉아보라. 날씨는 화창하며 숲은 우거져 있다. 이따금 매미나 새 소리가 들리지만 사방은 참으로 고요하다. 이럴 때 그대는 느낀다. 이 고요함은 어디로부터 오는가? 무엇이 있어 이 고요함을 느끼는가? 어디에서, 어느 바탕 위에서 드러나고 있는가? 그건 심층마음의 장場 위에서 드러나고 있다. 이렇게 깨어 있는 것은 높은 단계의 알아차림이다. 장(場, Field)이란 우리 눈에 보이지 않지만 에너지와 운동량을 가지고 있는 물리적 실체이다.[6]

위대한 깨어남은 낮은 단계에서 높은 단계로 진행된다.

가장 낮은 단계에서는 단순한 형태의 알아차림 혹은 주변을 종합적으로 인지하면서 평소보다 좀 더 고요한 상태로 깨어 있게 되지만 높은 단계로 진입될수록 알아차림의 깊이와 범위는 더 깊어지고 넓어진다. 장場 전체의 깨어 있음을 느끼고 법계 전체가 알아차림으로 깨어 있음을 알게 된다. 모든 생각, 느낌, 행위의 진정한 주체가 개아(個我)가 아니고 모든 사물의 바탕에 존재하는 장場 전체(全體)의 알아차림이었음을 깨닫게 된다. 직관과 영감, 새로운 아이디어 및 창의성이 발현되면서 더 깊어지면 심층마음의 장場과 하나가 된다. 이를 사람들은 위대한 깨어남이라고 부른다.[7]

위대한 깨어남은 영적 성취로 이어진다. 이 단계에서는 전체의 장을 인지한다. 사건을 낱개로 보기보다 전체 에너지 장 속에 깨어 있는 자신을 발견한다. 그 장이 전체로 살아 있고 깨어 있음을 인지한다. 내 삶과 생명, 존재 전체의 존귀함을 인식하면서 허상이나 허명, 현상이 주는 달콤함을 따라가지 않는다.

내가 단순한 몸이 아니라는 것, 몸에서 발생하는 단순한 낮은 차원의 생각이나 감정이 내가 아니라는 것을 불현듯 자각하는 것을 영적 각성이라고 한다. 나는 몸, 생각, 감정, 느낌을 넘어선 그 전체의 장場을 알아차리는 위대한 의식이다. 이것을 깨닫는 것을 위대한 깨어남 Great Awakening이라고 한다. 몸 이전에, 공간 이전에 나라는 인식만으로 순수하게 깨어 있는 전체의 장場을 깨닫는다. 그것은 순수한 나이며 위대한 나이다.

심층마음의 바다

우리가 아침에 눈 떠서 사물과 대상이 인지되고, 그에 따라 떠오르는 생각을 표층마음이라고 한다. 표층마음 아래 무의식(잠재의식)이 있다.

사람들은 흔히 끌어당김의 원리를 통해 부와 성공을 이룰 수 있다고 말한다. 하지만 실제 잘 이루어지지 않는데, 그 근본 이유 중 하나는 무의식이 변하지 않기 때문이다.

표층마음, 무의식 너머 더 깊은 곳에 더 깊은 마음, 섬광처럼 번쩍이는 알아차림이 있는데 그걸 알고 나면 무의식의 변화도 쉽게 이룰 수 있다.

심층은 순수다.8)

심층마음은 바로 이런 곳에 있다. 그것은 순수한 공간에 있다. 생각이 비워지고 관념이 비워진 곳, 그 순수한 공간에 있다. 그러므로 심층마음의 바다에 들어가려면 먼저 비워져야 한다. 인식이 맑아져야 한다. 인식이 맑아진 곳, 그곳에 순수한 파동이 있고, 순수한 파동이 아름답고 긍정적이며 창조적인 형태의 진동이 있다. 그 형태 장 안에는 모든 아름다운 가능성, 즉 성공, 풍요, 치유의 기회가 창조적 파동과 주파수의 형태로 담겨 있다.

아래 〈그림 1-1〉을 보라. 마음 전체를 바다로 표현했다. 표면 위에는 우리들의 일상적인 삶에서의 생각, 감정, 느낌들이 표출되지만, 더 깊은 곳으로 들어가 무의식(잠재의식)보다 더 깊이 들어가면 심층마음을 만난다. 그곳은 우리들의 모든 개체적인 생각, 감정이 모두 순수하게 용해되는 곳이다. 물질로 치더라도 분자, 원자, 핵을 넘어 아원자라고 불리는 물질의 최소 단위들이 파동 치는 곳이 있다. 그곳은 입자이며 파동으로 존재하고 모든 가능성이 정보와 주파수로 존재하는 곳이다.

우리의 심층의식에서는 평화, 행복, 사랑, 감사와 같은 고양된 에너지가 발현되면서 주파수와 진동은 고조되고 일관되는 동조상태로 들어간다. 우주 전체의 장場과 더 깊이 연결되면서 모든 것이 서로 연결된 진정한 "하나임oneness"을 느낀다.

위대한 깨어남은 우리 의식의 파동을 고조시킨다. 우리가 직면하는 3D 현실은 종종 가난, 질투와 갈등, 그에 따른 불안과 불만으로 가득차 있다. 낮은 파동의 영역이다. 우린 꼭 여기에 머물 필요는 없다. 우리는 내면의 깊은 곳에 존재하는 심층의식을 발견할 때 5D의 높은 파동으로 올라갈 수 있다. 그곳에서 우리는 우리가 가진 독창적인 잠재력을 마음껏 발휘할 수 있고, 그리하여 우리만의 서사(敍事)를 창조할 수 있다. 그곳은 찬란한 눈부심, 아름다움과 청정함이 존재하는 곳이며, 사랑과 배려 속에 자유와 편안함이 존재하는 곳이다.

<그림 1-1> 심층마음의 바다

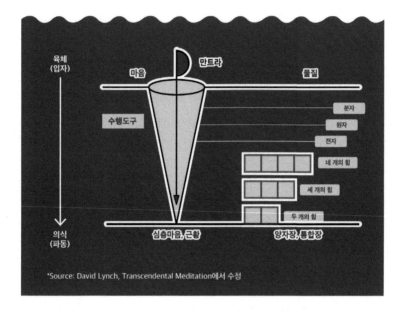

*Source: David Lynch, Transcendental Meditation에서 수정

심층마음을 찾아라!

아침에 일어나면 제일 먼저 무엇부터 떠오르는가?

우리가 아침에 눈 떠서 사물과 대상이 인지되고, 그에 따라 떠오르는 생각을 표층마음이라고 한다. 우리들의 일상적 의식이다. 하지만 흥미로운 연구 대상은 표층마음 너머의 것이다. 그 너머 더 깊은 곳에는 무엇이 있을까? 그건 어디로부터 왔을까? 우리의 단순한 생각보다 더 깊은 의식, 섬광처럼 번쩍이는 그 의식은 어디로부터 왔을까? 고요하고 텅 비어 있는데도 깨어 있는 의식, 그건 무엇일까?

한없이 깊고 푸른 바다를 한번 생각해 보자(위 〈그림 1-1〉). 그 표면에는 온갖 거친 파도와 거품들로 출렁인다. 그게 우리가 사는 곳, 표층마음이다. 하지만 바다 깊은 곳, 심층에는 고요하고 깨어 있는 마음이 있다. 이것은 심층마음의 바다이다. 바다의 표면에서 출렁이는 온갖 차별상差別像은 이곳 심층에서 모두 용해된다.

우리는 삶에서 깨어나야 한다. 우리는 먹고 살려고 이 세상에 온 것도 아니며, 국가나 어떤 단체의 효율성에 봉사하려고 온 것도 아니다. 우리 존재의 본질을 구현하려고 우리는 여기에 있으며, 그 본질은 "여기 살아 있음"을 생생히 느끼는 것에서부터 출발한다.

가장 나답게 존재하는 높은 파동의 삶을 창조하기 위해 여기에 있으며, 그것은 고정관념이나 사회마음, 타인의 평가로부터 자유로워질 때 가능해진다. 내 몸에 함몰된 신체마음을 넘어서서 드넓은 공간, 청정한 마음이 나의 주인이 될 때 비로소 우리는 높은 파동의 삶을 구현할 수 있다. 그것은 "위대한 깨어남"이라고 할 수 있다.

심층마음의 바다에 접속하면 진정한 평안과 자유가 온다. 그곳에서 온전한 나를 만나 높은 파동의 삶을 구현할 수 있다. 또한 이러한 원리를 응용하면 끌어당김의 법칙을 쉽게 사용할 수 있고 부와 건강, 성공을 실현할 수 있다.

제 3 장
난 왜 이렇게
힘이 들지?

우리는 눈에 보이는 물질 우주를 전부로 알고 사는 경우가 많지만, 전자 이전의 파동으로 물결치는 양자 에너지 장이 이를 감싸고 있다. 양자장場은 모든 가능성의 정보와 파동을 담고 있다.

난 왜 이렇게 힘이 들지?

우리는 살다 보면 견디기 힘든 고난과 직면할 때가 있다. 그것은 객관적 상황으로도 오고 주관적 느낌으로도 온다. 나만의 삶을 가꾸고 존재감을 나타내 보이고 싶은데 삶은 반대로 불안과 고통으로 다가오고 때론 무기력감에 꼼짝달싹하기 싫다. 이 문제를 한번 이렇게 바라보면 어떨까?

그동안 우리 내면에 쌓아왔던 자아 구조는 좀처럼 변하지 않는다.

아마 97% 이상은 변치 않고 살다가 죽음을 맞이할 것이다. 밥 프록터가 말한 것처럼 어린 시절부터 생성된 자아 내면의 무의식 "패러다임"은 변하지 않기 때문이다. 어쩌면 1~3%의 사람들만 가능할지도 모른다.

그래서 대운大運이 들어오기 전에는 맹자가 『고자장告子章(15장)』에서 말한 "견디기 어려운 역경과 시련"을 먼저 주는 것인지도 모른다. "하늘이 장차 어떤 사람에게 큰일을 맡기려 할 때에는 반드시 먼저 그 마음을 괴롭히고 신체를 고단하게 하며 배를 굶주리게 하고 …"라고 말씀하신 것처럼, 크나 큰 고난, 고생, 파산, 이별 등 견디기 어려운 역경을 준 것은 내 인생에 엄청난 충격파衝擊波를 줌으로써 나의 무의식 패러다임 전체를 흔들어 깨부수기 위한 것일지 모른다. 엄청난 사건 없이는 그 단단하고 견고한 패러다임이 결코 깨질 리 없었을 테니까.

그렇다! 그것은 위대한 깨어남이다. 영적 각성이다. 여기서 말하는 대운大運이란 단순히 운이 좀 좋아지고 돈을 조금 더 벌고 안정된 환경에서 그저 살만한 수준으로 변화되는 정도를 의미하진 않는다. 그것은 그야말로 내 삶과 인생 전반을 돌아보게 만들고, 무엇이 진실인가에 눈 뜨게 함으로써 그동안 내가 당연시하고 속해온 나의 환경과 삶 전체를 전적으로 새로운 관점에서 각성하게 만드는 것이다.

난 지금 제한된 주파수에 갇혀 있나?

조 디스펜자는 묻는다. 지금 당신의 삶과 모습은 만족스러운가? 만약 만족스럽지 않다면 자신만의 진동 주파수에 갇혀 있어서 그러니 그걸 어떻게든 바꿔야 한다.

자신만의 진동 주파수. 밥 프록터가 '패러다임'이라고 부른 자신만의 고유 주파수가 우리의 생각과 행동을 결정 짓는다. 생각과 행동은 우리의 건강, 관계, 삶의 만족도에 영향을 주므로, 현재 자신의 삶이 만족스럽지 않다면 우린 어떤 제한된 진동 주파수에 갇혀 있을 가능성이 높다.

그 진동 주파수 패러다임을 바꾸지 않는 한 우리는 동일한 삶을 반복하게 될 것이다.

넌 어떻게 삶에서 성공할래?

넌 어떻게 성공할래? 어떤 생각과 믿음으로 너만의 인생에서 가장 너다운 본질을 표현할래?

인생에서 성공한다는 게 꼭 돈이나 명예, 권력이나 지위를 의미하는 건 아닐 것이다. 얼 나이팅게일은 성공이란 "자신의 가치 있는 꿈을 일관되게 실현하는 것"이라고 했다. 이 세상에 온 너만의 이유나 목적이 있을 테니 그걸 찾아서 발현시켜야 한다. 그걸 찾아서 실현시킨 사람은 누구든 자신의 삶에서 성공한 승리자가 된다.

황순원은 '소나기'를 썼다. 괴테는 그의 인생작품, '파우스트'를 60년에 걸쳐서 완성했다. 니체는 '초인'을 완성했다. 미켈란젤로는 수년에 걸쳐 시스티나 성당의 '천지창조'를 마침내 탄생시켰다. 꼭 그런 예술가나 천재들이 아니라도 자신만의 승리자가 될 수 있다. 그건 심층의식과의 대화를 통해서만 가능하다. 너의 생각 너머에, 이성 너머에, 더 깊고 큰 존재와의 대화를 통해서만 가능하다. 그 큰 지성에게 물어봐라. 더 깊은 심층으로 들어가 근원에게 물어봐라. 내가 태어난 이유는 무엇인지, 왜 살아야 하는지, 나는 무엇을 위해 살아야 하는지. 그 "왜"가 밝혀지면, 그리고 간절하면, "어떻게"는 자연스럽게 뒤따를 것이다.

위대한 깨어남

위대한 깨어남은 내 인생에 행운이 들어와서 내 삶이 조금 나아지는 정도의 변화를 의미하는 게 아니다. 맹자가 말씀하신 하늘이 장차 어떤 사람에게 큰일을 맡기려고 주는 "혹독한 시련과 역경"이 고작 돈 좀 더 벌고 편하게 살라고 내린 것이 아니다. 그건, 내가 내 삶에 크게 눈을 떠서 삶의 진정한 의미를 깨닫게 되고 새로운 각성으로 내가 만나는 사람, 사건, 사물 등 환경 일체가 새로운 관점으로 정비되는 걸 의미한다.

내가 내 삶에 진정한 주인이 되어 내가 원하는 행운과 기회를 내 뜻과 의지대로 창조할 수 있을 정도로 진동 주파수가 올라가는 수준의 각성을 의미한다. 그리하여 그동안 무의식 속에 기록된 자율주행모드처럼 아무 생각 없이 좀비처럼 살던 내 인생에 천재지변과도 같은 수준의 지각 변동이 일어나 내가 내 뜻대로 삶을 창조하고 새롭게 열어가는 수준의, 일생에 한 번 올까 말까한, 그런 큰 영적 변화를 의미한다.[9]

그건 그동안 무의식에 얽매여 눈앞의 현실에 급급하고 내 몸과 [물질계]에만 함몰되었던 나의 의식구조[10]에 일대 격변이 일어나 [양자계]로 도약하는 영적 각성이다. 나의 의식구조와 사고방식에 새로운 "눈뜸 현상"이 일어나게 함으로써, 나의 삶, 만남, 기회 전반에 천둥 벼락 같은 양자 도약(量子 跳躍, Quantum Jump)이 일어나게 된다.

지금 내 인생의 진동 주파수는 어떤가? 우리의 의식 상태는 가급적 밝고 가벼우며, 기쁜 혹은 고요한 상태에 머물러야 한다. 긍정적이고 높은 주파수는 우리의 삶을 창조적으로 이끈다. 자기를 극복한 성공인은 무의식을 활용하여 자신의 창조적 의식을 관철시킨다.

우주의 비밀을 여는 키워드는 1) 에너지 2) 진동 3) 주파수이다. 아인슈타인은 만물은 에너지로 이루어져 있고 에너지는 모두 진동하고 있다고 했다. 에너지는 진동하고 있고, 모든 진동하는 에너지는 자신만의 고유 주파수를 가지고 있다.

우리는 생각의 주인이 되어 의식을 활용할 수 있다. 긍정적 의지와 상상력을 활용하여 부정적이고 우울한 느낌을 긍정적이고 활기찬 기분으로 전환할 수 있다. 긍정적이고 창조적인 생각과 느낌은 높은 가치를 지닌 행동으로 이어진다. 그 결과는 부와 성공, 높은 파동의 삶이다.

인생의 명확한 방향성

　　종합적으로 검토해 보니 두 가지 방향성이 명확해졌다. 그 두 가지란 끌어당김의 법칙과 알아차림의 법칙으로 정리된다. 그리고 그 방향성은 서사적 나를 통해 근원의 나를 발견해야 한다는 것이었다.

　　첫 번째 방향, 끌어당김의 법칙.

　　인생을 치열하게 사는 과정에서 목표도 정립하고 꿈과 희망에 가슴 설레고 시각화를 통해 그 꿈을 실현한다. 상상, 믿음, 느낌이 키워드이다. 강력하게 자신의 바람직한 모습을 상상하고 무의식 깊은 곳으로부터 믿으며 이미 이루어졌다는 높은 파동의 느낌을 지닐 때 우린 끌어당길 수 있다. 이러한 끌어당김의 법칙을 통해 우리는 부와 성공을 이룰 수 있다. 자신에게 걸맞은 독창적 삶을 창조하고, 높은 파동의 삶을 실현할 수 있다.

　　이러한 "끌어당김"은 "알아차림"을 향한다. 그것이 두 번째 방향이다.

　　두 번째 방향, 알아차림의 법칙.

　　론다 번이 얘기하듯이, "끌어당김"만으론 부족하다. 우리는 "서사적 자아" 너머의 "근원적 자아"를 만나야 한다. 그 "근원적 자아"는 우리의 바탕에 언제나 존재하는 알아차림의 자리이다. 그러기 전에는 인생의 혼란과 방황은 계속될 수밖에 없다. "서사적 나" 너머에 있는 "근원의 나"를 알아차릴 때 우린 비로소 안식하게 되는 것이다. 그것이 알아차림의 법칙이다.

그 근원의 나는 우리에게 묻는다. "나는 누구인가?", "나의 진정한 본질은 무엇인가?"

이러한 "자아 탐구"의 과정에서 우리는 위대한 깨어남을 만난다. 그 깨어남은, a) 우리가 몸 이상의 존재라는 것, b) 몸 너머 변할 수 없는 "마음의 장場"이라는 것을 알게 해준다. 우리 내면의 가장 깊은 곳에 존재하는 그 근원의 "의식"은 우주의 무한한 힘, 지성, 초미립자와 연결되어 있다. 그 영원한 지성은 초미립자로 이루어져 있으며, 우리를 둘러싼 바탕에 어느 한 곳에도 빈틈없이 모두 스며들어 있다. 그것은 높은 단계의 알아차림이다. 그것은 공간 전체의 생생한 살아 있음이다. 나는 구름을 바라보는 하늘이었다.

얼른 직관적으로 이해가 안 가는 이 대목에 많은 비밀이 숨어 있다. 난 분명 몸이고 몸으로 움직이는데 몸 너머의 공간이 있고, 그 빈 공간이 전체적으로 깨어 있고 알아차리고 있다니 얼른 이해가 가질 않는다. 그리고 그게 '나랑 당장 무슨 상관이 있는가'라고 반문하게 된다.

그래서 나는 묻고 싶었다. 이 모든 사실을 좀 더 권위 있게 확인하고 싶었다. 그래서 13명의 역사적 위인들에게 물어 보았다. 그들은 어떻게 살았고, 그들이 발견한 "인생의 진리"은 무엇이었냐고, 혹시 "특별한 묘약"은 없었느냐고. 이 책은 그러한 질문과 탐구의 결과물이다.

다음 장부터 소개될 13명의 인물들은 역사를 살다간, 혹은 현재도 살고 있는, 다양한 분야의 거장들이다. 그들은 신생물학의 브루스 립튼, 양자물리학의 조 디스펜자, 자기계발과 영성의 밥 프록터, 얼 나이팅게일, 나폴레온 힐, 론다 번, 에크하르트 톨레, 그리고 심리학의 칙센트 미하이, 철학의 괴테, 니체, 쇼펜하우어, 불교의 지눌, 유교의 퇴계다.

성공한 사람들은 심층원리를 알고 있었다. 세상에는 자기 일을 끝까지 성취한 사람과 중간에 포기한 사람이 있다. 성공한 사람들이 파악한 원리는 [끌어당김의 법칙, 진동의 법칙, 알아차림의 법칙]으로 이루어져 있다. 그들은 이러한 원리를 깊이 깨닫고 있기 때문에 인생에서 성공할 수 있었다. 그 원리 중 우리가 꼭 알아야 할 것은 다음과 같다.

1. 시각화의 힘은 놀랍다. 자신의 꿈과 목표를 시각화하라. 자신이 상상하는 바를 입체적 패턴으로 심상화Visualization하고, 이를 믿고 신뢰하라.
2. 더 높은 법칙은 진동의 법칙이다. 사람은 생각하는 대로 된다. 존재 상태가 변하면 꿈은 이루어진다.
3. 가장 높은 법칙은 알아차림의 법칙이다. 그대를 둘러싼 주변의 장場이 알아차림으로 깨어 있음을 인지하라. 더 나아가 보면 법계 전체가 알아차림으로 깨어 있다.
4. 그 전체의 알아차림이 바로 당신이다.

그러니 이것만은 기억하자. 1) 자신이 신성한 존재임을 알고 2) 자신의 무의식에 끌려가지 말고 의식의 주체로 살아야 한다. 그러려면, 신성을 자각하여 자신의 삶에 다시 접속해서 무의식에 끌려가던 습관들을 떨쳐내야 한다. 그리고 의식적으로 자신이 주인이 되는 주체적 삶을 살아야 한다.

DEEP MIND

심층마음을 통해 높은 파동의 삶에 이르는 법

제 2 부
성공 이야기
: 13인의 위대한 서사(敍事)

지구상의 수십억 사람 중

아주 소수의 사람만 그 진실을 발견했다.

그 소수의 사람은 삶의 부정적 성향과 혼란에서

완전히 자유롭고, 영원한 평화와 행복 안에서 산다.

그렇지 못한 사람들은 날마다 부단히

그 진실을 찾아 헤매며 살고 있다.

그 소수의 사람들이 발견한 성공의 비밀은 무엇일까?

제 4 장
자연과학 분야의 성공

제1절 브루스 립튼
위기를 극복하고 새로운 역사를 쓰다!

1. 인생의 위기와 놀라운 발견

브루스 립튼은 스탠포드대 교수이자 세계적 생물학자이다. 세계 신생물학과 후성유전학을 이끌고 있는 그가 한때 굴곡진 인생을 살았다면 쉽게 믿을 수 있을까?

그는 젊은 시절 질풍노도의 시기를 겪으며 친구들과 밴드를 결성해 전국 투어를 다니며 히피처럼 생활했다. 일이 생각처럼 풀리지 않아 투자했던 돈은 모두 파산했고 그 일의 여파로 이혼당했다. 졸지에 부인과 아이들마저 잃은 그는 배고픔에 시달리며 하루하루 생존의 위기에 몰리는 삶에 처해졌다. 그러다가 우연히 받은 전화 한 통. 중미의 어느 섬에 있는 3류 대학으로부터 시간 강사 제안을 받는다. 먹고 살게만 해주면 가겠다는 심정으로 그 섬에 도착했다. 아니나 다를까, 학생들은 낙오자들이었고 학업 수준은 형편없었다. 하지만 그런 것들을 따질 형편이 아니었다. 자신은 더 깊은 곳까지도 추락해 봤으니까. 마음을 다잡고 학생들의 기초를 잡아주고 자신의 경험을 얹어 참 선생으로 거듭나기까지 했다. 느슨한 섬 생활. 딱히 할 일도 없었다. 낮이면 바닷속 거북이들과 헤엄치고 밤이면 해변가 사장에 두 팔 벌리고 누워 유난히도 밝고 촘촘하게 빛나는 밤하늘 별들을 헤아리고 있었다. 그렇게 보내길 몇 년, 내면에 변화가 찾아왔다. 어느 날 곰곰이 생각해 보았다. "난 왜 이렇게 됐을까? 어쩌다가 여기까지 왔을까? 왜 그렇게 무모하게 밴드에 매달렸을까?" 깊이 하나씩 골똘히 생각하던 끝에 그는 "유레카"를 외치면서 자기 연구실로 뛰어 들어갔다. 인생의 뭔가 큰 것을 발견하게 된 것이었다. 그렇게 해서 탄생한 것이 후성유전학이다. 그는 스탠포드대 교수로 초빙되었고 세계 신생물학을 이끌고 있다. 과학과 영성을 결합하는 분야에서 세계적으로 권위 있는 전문가가 되었다.

2. 발견 및 시사점

그가 발견한 후성유전학을 쉽게 풀어보면 다음과 같다.

1) "우리의 주인은 DNA가 아니다"

타고난 DNA가 고정적이라는 전통적 생물학 이론에 반하는 주장이다. 우리의 세포는 유전자에 의해서만 조절되는 것이 아니라 마음과 환경에 의해서 조절될 수 있다. 브루스 립튼은 우리의 마음 그러니까 믿음, 생각, 그리고 감정이 면역체계와 심혈관 시스템인 우리의 생물학에 강한 영향을 미친다는 점을 보여주었다.

2) "마음과 환경이 몸과 운명을 바꾼다"

우리의 마음 이외에도 식단, 스트레스 독소와 같은 환경적 요소들이 어떻게 유전자 발현을 변화시킬 수 있는지를 보여주었다. 즉, 그의 주장은 "마음과 환경이 몸과 운명을 바꾼다."는 것이었다. 타고난 DNA는 고정되어 있지 않다. 후천적인 마음이나 생활환경의 변화를 통해 우리는 밝은 미래를 개척할 수 있다.

3) "첫 자아의 형성"

생후 만 4~7세에 무의식의 95%가 형성된다. 세타파 상태인 아이들은 주 양육자의 말과 행동을 스폰지처럼 그대로 흡수한다. 그때 잘못 형성된 무의식 프로그램은 평생 인생을 좌우한다. 무의식은 매일 우리 삶을 95% 지배한다.

4) "행복한 미래"

만약 우리의 삶이 현재 행복하지 않다면 우리의 무의식을 개조해야 한다. 부정적, 제한적, 소극적 무의식을 바꾸지 않는 한 행복한 미래란 없다. 매일 밤 잠들기 전 5분이라도 세타파 상태에서 긍정적 확언을 반복해라. 반복 학습을 통해 무의식을 밝게 개조할 수 있다. 최면 상담을 받으러 갈 필요도 없다. 잠들기 전 몽롱한 상태가 세타파이다. 이 상태에서 자신의 무의식 프로그램을 긍정적으로 개편하라. 그리고 자신감으로 무장하라. 그러면 행복한 미래가 보장될 것이다.

브루스 해럴드 립튼
(Bruce Harold Lipton)
1944년 10월 21일 ~

브루스 해럴드 립튼은 미국의 생물학자로 신생물학의 선구자로 평가받는다. 그는 후생유전학이라는 생물학의 새로운 분야를 이끌고 있다. 위스콘신대학교 의과대학에서 세포생물학을 강의하였고, 스탠포드대학교에서 연구를 수행하였다. 그는 과학계의 공로를 인정받아 2009년 고이 평화상(Goi Peace Award)을 수상하였다. 그의 연구에 따르면 우리의 의식은 유전자의 발현을 바꿀 수 있다. 그의 저서인 『당신의 주인은 DNA가 아니다(The Biology of Belief)』에서는 인간의 운명을 바꾸는 것은 유전자가 아니라 마음(믿음)과 환경이라는 사실을 강조한다. 믿음 체계를 바꿈으로써 몸을 바꿀 수 있다는 희망적인 메시지를 전하고 있는 그는 과학과 영성을 잇는 가교 역할을 하는 국제적 명사로 활동하고 있다. 『당신의 주인은 DNA가 아니다』, 『자발적 진화』, 『허니문 이팩트』 등은 세계적인 베스트셀러이며, 후성유전학의 대표적인 책으로 평가받고 있다.

양자장 접속을 통해 새로운 희망을 열어라!

1. 인생의 위기와 깨달음

조 디스펜자는 세계 5대륙 32개국이 넘는 나라에서 강연 요청을 받는 국제적인 강연자, 연구가, 작가이자 교육자이다. 사람은 누구나 위대한 것을 성취해 낼 수 있는 무한한 능력을 소유하고 있다는 확신을 갖고 강연하고 교육한다. 그는 신경과학, 후성유전학, 양자물리학 등의 최신 성과들을 활용해 자연치유를 일으키는 원리를 탐구한다. 세계적인 명성을 얻은 학자이자 강연가인 그가 젊은 시절 큰 사고를 당해 전신마비 환자로 평생 못 일어날 뻔한 일을 당했다면 믿어지는가?

젊은 시절 그는 스포츠맨이었다. 23세의 나이에 사이클을 타다가 시속 90km로 달리는 트럭에 치여 몇 십 미터를 끌려가는 인생 최대의 끔찍한 사고를 당했다. 척추뼈 여섯 개가 으스러진 사고 속에서 당장 수술을 통해 철심을 박지 않으면 평생 전신마비가 되고, 수술을 해도 낫는 데 6개월이나 걸린다는 의사들의 진단에도 불구하고 뇌와 몸의 자연치유력을 통해 수술 없이 단 12주 만에 걷게 되었다. "어차피 철심을 박으면 내 인생 여기서 끝이다. 평생 휠체어 인생으로 산다면 무슨 소용인가?"

그는 기도했다. "신이시여, 나를 창조하시고 제게 생명을 주신 신이시여, 제게 생명을 주신 그 힘으로 제게 희망과 용기를 주옵시고, 제게 생명을 주셨듯이 제 척추를 다시 세울 수 있게 도와주소서."

그의 기도는 간절했다. 척추 뼈가 바르게 서고 정렬되는 상상을 하면서 매일 약물 치료만 받으면서 간절히 기도했다. 말도 안 되는 도전 같아 보였지만 그는 마침내 회복됐고 척추는 정상으로 재건되었다. 이 말도 되지 않는 엄청난 도전 끝에 그는 몇 가지 인생의 중요한 법칙들을 깨달았다. 뉴욕타임스 베스트셀러 저자인 그가 쓴 책에는 『당신도 초자연적이 될 수 있다』, 『브레이킹』, 『당신이 플라시보다』, 『꿈을 이룬 사람들의 뇌』 등이 있다. 그는 격려와 애정을 담은 자기만의 스타일로 수많은 사람들에게 어떻게 하면 뇌의신경 회로를 재배치하고 몸을 재조정해 지속적인 변화를 이뤄낼 수 있는지 구체적이고 이해하기 쉽게 가르쳐왔다.

2. 깨달음과 시사점

1) "양자장 명상"

양자장 명상이 중요하다. 양자장이란 우리가 살고 있는 물리적 세계 이면에 있는 에너지들의 연결망이다. 사실은 깊이 깨닫고 보면, 우리는 이러한 보이지 않는 에너지 장의 영향 하에 살고 있다. 성공한 사람들은 명상을 통해 양자장에 어떻게 접속하는지를 알고 있고 거기에서 직관을 계발하는 삶을 살고 있다.

2) "제한된 주파수를 탈피하라"

만약 현재 나의 삶이 만족스럽지 않다면 나는 나의 제한된 주파수에 갇혀 있을 가능성이 높다. 그렇다면 명상을 통해 몸, 시간, 장소, 사건, 사물 등이 텅 빈 형태의 에너지 장에 접속하는 법을 배워라. 긍정적 마음을 갖고 몸과 마음을 이완시켜 현재의 번다한 잡념으로부터 고요해지는 법을 배워라. 이를 통해 당신도 양자장에 접속할 수 있다.

3) "양자장에 접속하여 새로운 미래를 창조하라"

양자장은 무한한 가능성과 정보의 주파수들로 가득찬 에너지 공간이다. 당신이 여기에 접속한다면 당신은 당신을 괴롭히고 제한했던 모든 부정적 주파수들을 청산할 수 있다. 반대로 새로운 에너지 주파수로 조율하여 새로운 기회, 아이디어, 직관, 인연 등을 창출할 수 있다. 당신에게도 행복한 미래가 열리는 것이다.

4) "챠크라 축복 명상"

또 다른 한편, 현재 나의 삶이 만족스럽지 않다면, 나는 나의 낮은 차원의 챠크라에 갇혀 있을 가능성이 높다. 그렇다면 명상을 통해 챠크라 축복 명상을 배워보라. 호흡과 집중 명상을 통해 생존 차원의 챠크라, 즉 제1~3 챠크라를 넘어서 제4 챠크라인 가슴 챠크라를 축복하는 명상을 배워보라. 그곳에서 자신이 원하는 미래를 상상하고 감사, 기쁨, 환희, 행복과 같은 고양된 에너지를 느낀다면 무의식을 개편할 수 있다.

5) "무의식의 재조정"

그동안 자신의 무의식에 갇혀 부정적 호르몬만을 발산했던 자신의 몸과 마음을 치유하고, 세로토닌·엔돌핀 등과 같은 긍정적 호르몬으로 자신의 무의식을 재조정할 수 있다. 이를 통해 당신은 매우 긍정적이고 창조적인 미래를 활짝 열어갈 수 있다. 신은 우리에게 엄청난 복원력과 잠재력을 주셨으며, 그것을 활용할 수 있는가는 우리의 힘과 의지에 달렸다.

조 디스펜자

(Joe Dispenza)

1962년 3월 22일 ~

조 디스펜자는 전 세계 32개국을 돌며 강연을 하는 연사, 기업 컨설턴트, 작가이자, 뇌신경학 연구자이다. 그는 뉴저지 뉴브런즈윅의 러트거스대학에서 생화학을 공부하였고, 애틀랜타의 라이프대학에서 카이로프랙틱 박사 학위를 받고 뇌의 기능과 화학작용, 기억 형성 등에 대해 연구하였다. 그는 23세의 나이에 사이클 경기 도중 차에 치여 척추가 여섯 군데나 부러지는 사고를 겪었다. 척추에 철심을 꽂는 수술을 받지 않으면 평생 전신마비가 되고, 수술을 해도 낫는 데 6개월이나 걸린다는 의사들의 진단에도 불구하고 뇌와 몸의 자연치유력을 통해 수술 없이 단 12주 만에 걷게 되었다. 이후 자연치유에 관한 연구를 통해 기적적인 치유를 경험한 사람들을 만나면서 인간의 마음과 육체를 다스리는 열쇠가 뇌에 있다는 사실을 깨달았다. 그는 새로운 방식으로 생각하고 믿음을 바꾸는 것이 어떻게 사람의 뇌를 변화시킬 수 있는지 연구하고 있으며, 전 세계를 돌아다니며 뇌를 새롭게 바꿀 수 있는 방법에 대해 강연하고 있다.

제 5 장
영성학 분야의 성공

무의식의 패러다임을 개조하라!

1. 가난한 노동자

밥 프록터는 1934년 캐나다 온타리오주의 어느 가난한 가정에서 태어났다. 그는 젊은 시절 소방대원으로 일하면서 하루하루 힘겨운 삶을 이어가고 있었다. 생존의 수단으로 택한 직업에서 희망을 찾지 못하던 그는 26살 때 나폴레온 힐의 저서 『생각하라 그리고 부자가 되어라』를 읽고 자신의 인생 방향을 찾았다. 어릴 때 빈곤한 가정에서 태어났기 때문에 자신만의 기업을 설립하여 많은 가난한 사람들에게 꿈과 희망을 주기로 한 것이다.

그 뒤 얼 나이팅게일의 강연 테이프를 들으면서 결심을 더욱 굳혔다. 그의 강의를 1만 번 이상 들으면서 인생의 법칙을 깨치고자 노력한 끝에 그는 세계적인 영성 지도자가 되었다. 2006년 가장 인기 있는 자기계발 지도자 중 하나로 선정되었으며, 자신의 경험과 철학을 토대로 다양한 자기계발 도구와 프로그램을 개발했다. 우리나라를 비롯한 세계 여러 곳에서 제자들을 배출하는 등 국제 사회 전체에 엄청난 수준의 선한 영향력을 펼쳤다. 그가 집필한 책『부의 원리』,『부의 확신』,『생각의 시크릿』은 세계적인 베스트셀러이다.

2. 깨달음과 시사점

1) "의식적 마음"의 활용

우리는 의식적 마음을 잘 활용해야 한다. 밥 프록터의 철학은 "우리가 되고자 하는 것을 믿으면 되고, 믿으면 만들어진다."는 것이다. 마음에는 의식적 마음과 무의식적 마음이 있지만 흔히 보통 사람들은 무의식에 휘둘려 살게 된다.

2) "몸은 창조적 도구"

성공한 사람들은 몸을 창조적 도구로 활용한다. 그는 "당신의 풍요를 시각화하라"(Visualize Your Abundance)와 같은 다양한 프로그램을 통해 강한 의지와 신념으로 자신의 의식을 활용하는 법을 가르쳐 왔다. 부를 이룬 사람들은 무의식을 따라 가지 않고 자신의 의식을 계발하고 활용하여 무의식을 지배한다.

몸에 국한되지 않고 몸 보다 더 큰 의식을 사용하여 몸을 창조적 도구로 활용한다.

3) "무의식의 패러다임을 개조하라"

무의식의 부정적 정보로 이루어진 패러다임을 개조해야 한다. 자신의 미래에 대한 시각화를 계속하면 무의식에 들어가 그 패러다임을 긍정적, 창조적으로 개편할 수 있다.

4) "강한 의지와 상상력"

강한 의지와 상상력을 동원하여 시각화와 심상화 노력을 반복적으로 계속하면 어떤 엄청난 힘이 자신에게로 흘러들어와 자신의 운명을 개편할 수 있게 된다. 성공한 사람들은 이러한 노하우를 깨달은 사람들이다. 지속적 시각화 노력을 끊임없이 실행하여 자신이 원하는 바가 이미 이루어졌다고 믿고 엄청나게 행복하고 가슴 뛰는 상상을 매일 반복하라.

5) "높은 진동 주파수"

이를 통해 당신의 에너지 진동 주파수는 올라가며, 이를 통해 무의식의 패러다임을 긍정적으로 변화시킬 수 있다. 그러면 당신도 머지않아 예기치 않은 성공을 맛볼 것이다.

밥 프록터

(Robert Corlett Proctor)

1934년 7월 5일 ~ 2022년 2월 3일

밥 프록터는 세계적인 베스트셀러 『시크릿』의 실제 주인공이며, 지난 40년 동안 집필과 컨설팅을 한 사업가이자 긍정적 사고와 동기부여, 인간 잠재력의 극대화를 가르치는 국제적인 강연가이다. 그는 나폴레온 힐, 얼 나이팅게일의 학문을 계승하면서도 이들의 가르침을 한 단계 발전시켰다고 평가받는다. 사람들이 인생의 목표를 세우고 성취하도록 자신의 잠재력을 인식하고 활용하는 노하우를 전 세계 수백 곳의 회사들, 그리고 세미나를 통해 나이를 불문하고 각계각층 수천, 수만 명의 사람들에게 전파했다.

하지만 그는 처음부터 본인의 잠재력을 믿고 목표를 성취하는 사람은 아니었다. 어린 시절의 그는 부정적이고 야심이 없었으며, 부상으로 인해 대학도 중퇴하며 우울감에 빠져 지냈다. 1960년대 나폴레온 힐의 『생각하라. 그리고 부자가 되어라(Think and Grow Rich)』 책은 그의 인생을 송두리째 바꾸었다. 그는 이 책을 읽고 자기계발 분야의 회사를 설립해서 큰 성공을 거두었다. 그는 이후 나이팅게일의 연구팀에 합류하여 지도를 받았다. 그는 본인의 경험을 통해 좋은 생각은 삶을 올바른 방향으로 이끌고 결국 원하는 삶을 실현시킨다는 점을 깨달았다. 이후 그는 세계 각지의 많은 사람들에게 인생의 목표를 세우고 성취하기 위해 자신의 잠재력을 인식하고 활용할 수 있는 특별한 메시지와 지식을 전하였다.

1. 가난에 찌든 아이

얼 나이팅게일은 1921년 LA에서 태어났다. 그는 지독지게 가난한 어린 시절을 보냈다. LA 근교 롱비치에서 자란 그는 집이 없어 텐트에서 생활하는 극빈자로 살았다. 엄청난 가난 속에서 그는 한 가지 의문을 품었다. "왜 어떤 사람들은 부자이고, 나는 왜 가난할까? 가난을 탈피하는 길이 있을까? 어떻게 하면 부자가 될 수 있을까?" 12살 때부터 품은 고민 끝에 그는 닥치는 대로 책을 읽으면서 성공의 법칙을 찾게 되었다.

오랜 독서와 연구 끝에 그가 찾은 비밀은 "사람은 생각하는 대로 된다"는 여섯 단어의 문장이었다. 그는 해병대에 입대하고 세계 2차 대전까지 참전한 후 제대했다. 해병대 교관으로 일하는 한편 CBS에서 작가와 방송인으로 활동하던 어느 날, 그는 그가 찾은 성공의 비밀을 에세이로 요약해 달라는 요청을 받는다.

그는 그때의 감회를 이렇게 밝혔다.

퇴근 후 샤워하고 커피 한 잔을 타서 서재에 앉았을 때가 밤 10시였다. 난 잠시 여러 아이디어를 고민하면서 생각에 잠겼다. 마지막으로 스스로에게 물었다. 만약 내가 살날이 얼마 남지 않았다면 아이들에게 무슨 이야기를 해주고 싶은가? 아이들이 생산적이고 성공적인 삶을 살 수 있도록 도와주려면 어떤 조언을 해줄 수 있을까? 생각을 가다듬은 그는 정리된 생각을 써내려가기 시작했다. 원고를 마무리하고 나니 새벽 4시가 조금 넘었다. 나는 그 에세이에 "세상에서 가장 이상한 비밀"이라는 제목을 붙였다.[11]

87쪽에 불과한 그 짧은 에세이는 뒤에 오디오북으로 제작되어 100만부 이상이 팔렸다. 그는 백악관에 초청되었고, 영국 여왕의 초청도 받았다. 시크릿의 주인공 밥 프록터는 그의 녹음을 1만 번 이상 들었다고 했다. "가장 이상한 비밀"의 핵심 주제는 "사람은 생각하는 대로 된다"였다. 사람은 생각하는 대로 된다. 가장 자주 하는 생각이 바로 그 사람의 모습이다.

그는 강조한다. 인생은 흥미진진한 모험이어야 한다. 사람은 자기가 가장 잘할 수 있는 좋아하는 일을 해야 한다. 아침의 잠자리에서 기쁘게 일어나야 한다. 그리고 충만한 삶의 기쁨에 젖어 생생하게 살아 있어야 한다.

2. 뭘 깨달았을까?

1) "생각의 힘"

사람은 생각하는 대로 된다. 그의 스승은 나폴레온 힐이었다. 그는 나폴레온의 책, 『생각하라. 그리고 부자가 되어라』를 외울 정도로 읽었다. 그는 의문을 품었다. "왜 우리 중에 단지 5%만이 성공하는 것일까?"

2) "생각하는 능력"

꿈과 목표를 세우고 그 생각을 향해 노력하는 사람은 성공한다. 그렇지 않으면 사람들은 무의식에 빠져 사는 대로 생각한다.

3) "성공이란 가치 있는 꿈을 실현하는 것"

성공이란 무엇일까? 성공은 "가치 있는 꿈을 점진적으로 실현시켜 나가는 것"이다. 다른 사람에게 가치를 베풀면 성공한다. 부는 사람이 다른 사람을 향해 제공하는 가치만큼 돌아온다. 다른 사람들에게 필요한 가치를 창출하는 사람이 되어라.

4) "자신의 존재 가치를 올려라!"

너를 위한 가치 말고 다른 사람을 위한 가치를 제공해라. 선한 영향력을 베푸는 만큼 그것은 훌륭한 가치가 되어 자신에게 돌아온다. 그러려면 먼저 당신의 존재 가치를 올려야 한다.

5) "분명한 목표를 세우라!"

분명한 목표를 세우고 그 목표를 향해 구체적으로 노력하라! 고된 노동과 선한 의도만으로는 성공하기 어렵다. 성공이 힘에 달려있고, 그 힘이 체계적인 노력이라면, 노력에 체계성을 부여하는 분명한 목표야말로 성공의 핵심 관건일 것이다. 그것은 당신 인생의 청사진이다.

번영과 평화를 가져다 줄 나침판인 것이다.

3. "사람은 생각하는 대로 된다"의 뇌 과학적 해석

최근 뇌 과학 발견에 의하면 우리의 뇌가 초당 접하는 정보는 천백십만 개나 되는데 그중 받아들이는 정보는 육십 개 미만이라고 한다. 우리의 뇌는 상상과 현실을 구분하지 않으며, 정보의 출처를 묻지 않는다.[12] 이게 무슨 말일까?

원효 스님은 해골 물을 마시고 일체유심조一切唯心造를 깨달았다. 전날 밤 갈증 속에 마신 물은 그렇게도 달콤하고 시원했는데 새벽에 깨서 보니 벌레가 들끓는 썩은 물이었음을 알고 구토하고 속이 뒤집혔다. 내가 생각하고 규정한 정보의 성질이 실체를 선행하고 있었다!

우리 뇌는 보고 듣고 맛보는 오감을 통해 감각으로 얻은 정보든 상상력과 의지를 통해 시각화한 정보든 그 출처를 묻지 않는다. 밥 프록터는 말한다. 미래에 자기가 되고 싶은 자아상을 일관되게 그리면 그런 사람으로 변한다. 강력하고 일관된 시각화는 어떤 내면에 강력한 에너지를 분출시키고 그것은 측정이 가능할 정도로 실재한다. 그것이 우리의 무의식 패러다임을 바꾸면 우린 자신이 그리는 모습대로 변한다. 이것이 일체유심조 혹은 "사람은 생각하는 대로 된다."는 말의 진정한 의미이다.

물질과 부의 성취만 그런 것이 아니고 형이상학적 영성의 성취도 똑같다. 우리가 사는 물질세계는 3차원으로 인식되는 가시광선의 세계이다. 가시광선 너머에 자외선, X-선, 감마선, 무한미지의 빛의 세계가 겹쳐져 있으나 우린 인지하지 못한다. 우리의 육체도 그 위에 에테르체, 아스트랄체, 멘탈체, 코잘체 등 높은 의식 주파수로 이루어진 빛의 몸들이 겹쳐져 있으나 우린 인지하지 못한다. 우리 뇌의 정수리로 들어오는 무한한 의식이 빛으로 하강하고 에테르로 하강하여 지수화풍으로 이루어진 물질 몸을 구성하고 있다. 우주는 무한한 힘과 지혜를 가지고 있으며 초미립자로 이루어져 있다.[13] 우리가 바르고 긍정적인 마음으로 깊게 호흡할 때 우리의 의식은 그 '우주의 무한력'과 동조하게 된다. "의식"을 매개체로 우린 무한한 성장과 발전을 이룰 수 있는 것이다. 그렇다면, 이젠 믿어야 한다.

우리의 현실은 믿음의 반영이다. 내가 나의 신분 혹은 정체성을 어떻게 믿고 있는가의 그 핵심 믿음대로 이루어진다.[14] "너희가 생각하는 대로 이루리라!" 다소 생소하게 느껴질 수 있지만, 불교 정토종을 한 가지 예로 들어보자. 불교에서는 "나무아미타불"을 일념으로 외우면 아미타 부처님이 계시는 극락정토에 태어날 수 있다고 한다. 그곳에서 무량한 광명으로 이루어진 무량광, 무량수의 부처님을 친견할 수 있다. 왜냐고? 그대는 그대가 믿는 대로 되기 때문이다.

얼 나이팅게일
(Earl Nightingale V)

1921년 3월 21일 - 1989년 3월 28일

얼 나이팅게일은 미국의 라디오 연설가이자 작가로 주로 인간의 인격 발달, 동기부여, 의미 있는 존재에 대한 주제를 다뤘다. 경제학자 테리 새비지(Terry Savafe)가 "역대 최고의 동기부여 책 중 하나"라고 칭한 『세상에서 가장 이상한 비밀』의 저자이다. 그는 17살 때 미국 해병대에 입대하여 노스캐롤라이나주 캠프 르준에서 교관을 지냈고, 2차 세계대전 진주만 전투에 참가하였다. 전쟁 후 라디오 산업에서 일을 시작하였고, 동기부여 연설가로서 일을 하게 되었다. 그의 라디오 방송 메시지는 주로 그의 메모장에서부터 시작되었는데, 그가 지은 『세상에서 가장 이상한 비밀』은 미국 각종 교재에 수록되며 실패하고 좌절한 청소년들에게 희망을 주기도 했다.

나이팅게일은 나폴레온 힐이 쓴 생각과 부자로 성장하기를 읽으며 영감을 받았다. 그가 저술한 『사람은 생각하는 대로 된다』는 좋은 평가를 받아 나폴레온 힐 재단에서 수여하는 골드 메달을 받았다. 20년이 넘는 시간 동안 성공의 비밀은 무엇인지에 대해 연구하였고 연구내용을 카세트테이프로 녹음 제작하여 커다란 인기를 얻게 되었다. 『세상에서 가장 이상한 비밀(The Strangest Secret)』은 원본 카세트테이프를 그대로 옮겨 적은 저서이며, 이는 웨인 다이어, 밥 프록터 등의 학자에게 깊은 영감을 주었다.

1. 귀인과의 만남

　　나폴레온 힐은 1908년 신출내기 기자 시절에 철강왕 앤드류 카네기를 만나 "보통 사람들도 반드시 성공할 수 있는 성공의 법칙을 완성해 달라"는 제안을 받고 평생 세계 최대 거부들과 성공한 사람들의 성공법칙을 연구했다. 그는 우연한 기회에 철강왕 앤드류 카네기 눈에 띄었다. 사람됨을 눈여겨본 카네기 회장은 그에게 특별한 제안을 하나 건넨다. "젊은이, 성공의 법칙을 써 보지 않겠나?" 나폴레온은 말했다. "저~ 저는 아직 아는 것도 없고 부족하기만 한 걸요." 카네기는 말했다. "그건 걱정 말게. 내가 재벌 회장들 500명을 소개해 주겠네. 그들을 만나 기록하고 녹음해서 성공의 법칙을 발견해 보게."

　　그렇게 해서 시작한 "부의 법칙" 프로젝트는 20년에 걸쳐 진행되었다. 세계 굴지의 재벌 회장 500명을 한 명 한 명 만나 인터뷰하는 동안 그들의 성공법칙을 메모했다. 그 리스트를 만들어 다시 16,000명의 일반인들에게 테스트를 거치는 등 그렇게 해서 탄생한 책이 『성공의 법칙』이었다. 그는 말한다.

　　미국인 95%는 삶에서 성공하지 못한다. 그들은 생존을 위해 살 뿐이다. 단지 5% 미만의 사람만 성공한다.

　　그는 성공한 사람의 비율을 5%로 측정했다. 실패한 95%는 생존을 위한 투쟁도 버겁지만, 성공한 5%에게는 생활필수품은 물론이고 사치

품을 얻는 일도 비교적 간단한 일이다. 그들은 자신이 선택한 좋아하는 일을 하면서 부와 성공을 모두 얻을 수 있었다. 그 비결은 무엇일까?[15]

사람의 행동이 항상 그 사람의 지배적인 생각의 결과라는 것은 확립된 심리학의 원리다. 내면에 뿌리 내린 분명한 핵심목표는 강한 실현 의지를 가져온다. 마침내 잠재의식을 지배하게 되면 신체 행동에 영향을 줘서 목표 달성을 향하도록 한다.[16] 이처럼 성공한 사람들은 분명한 핵심목표를 갖고 있었고, 그것이 잠재의식에 각인되어 있었다.

2. 성공한 사람들의 공통점

1) "명확한 목표"

성공한 사람들은 "명확한 목표"가 있었다. 성공한 사람들은 나침판처럼 자신이 인생에서 달성해야 할 목표가 무엇인지에 대한 명확한 인식이 있었다. 마음속에 원하는 분명한 목표를 세워야 성공할 수 있다. 목표는 자기에게 평화와 번영을 가져온다.

2) "확실한 계획"

성공한 사람들은 "확실한 계획"이 있었다. 모든 '부'는 본질을 어디에 두든지 "긍정적 마음가짐"에서부터 시작된다. '부'란 완전하고도 충만한 행복이 갖추어진 삶을 의미한다. 이를 위해서 그들은 확실한 실행

계획을 세웠다. 그리고 그들은 강한 믿음과 자신감으로 추진해나갔다.

3) "좋아하는 일에 종사"

성공한 사람들은 "좋아하는 일에 종사"하고 있었다. 그들은 좋아하는 일을 하면서 "적극적인 마음"을 의식적으로 사용한다. 이것을 이용해서 자신의 삶을 적극적으로 개척한다. 적극적 마음은 독립심, 독창성, 상상력, 의욕, 집중력을 발달시킨다.

4) "체계적인 저축 습관"

성공한 사람들은 "체계적인 저축 습관"을 가지고 있었다. 성공한 사람들은 "성공에 대한 희망"을 놓치지 않는다. 저축하는 습관과 함께 건강한 투자에 대해서도 공부한다. 모든 행복 중에서 가장 큰 행복은 아직 이루지 못한 목표를 꼭 달성하겠다는 희망에서 생겨난다.

5) "강한 신념"

성공한 사람들은 "강한 신념"을 갖는다. 그들은 강한 신념을 토대로 자신의 잠재력을 개발한다. 강한 신념은 사람의 정신과 우주의 무한한 지혜 사이를 연결시켜준다. 강한 신념은 긍정적인 정신자세를 갖게 해주며, 두려움, 의심, 우유부단함과 같은 장애를 극복하게 해준다.

6) "자기암시의 원리"

성공한 사람들은 자신감을 토대로 "자기암시의 원리"를 100% 이용

한다. "나폴레옹이 가난에 찌든 코르시카의 하찮은 신분에서 프랑스 황제 자리에 오른 것도, 토마스 에디슨이 신문 판매원에서 세계적인 발명가가 된 것도, 아브라함 링컨이 켄터키 산속의 오두막집에서 세계에서 가장 위대한 국가의 대통령이 된 것도, 시어도어 루스벨트가 미국 대통령 중 가장 공격적인 지도자가 된 것도"[17] 모두 이 자기암시의 원리를 이용한 덕분이었다.

올리버 나폴레온 힐
(Oliver Napoleon Hill)

1883년 10월 26일 ~ 1970년 11월 8일

나폴레온 힐은 성공학 분야의 학자로, 현대 자기계발 분야의 뿌리가 되는 성공 철학의 거장이다. 그는 시골의 가난한 대장장이의 아들로 태어났으나, 유년 시절에 새어머니로부터 "너는 틀림없이 역사에 이름을 남길 위대한 작가가 될 것이다"라는 긍정적인 예언의 말을 들으면서, 지역의 여러 신문과 잡지에 글을 기고하고 작가의 꿈을 꾸게 되었다. 이후 대학 학비를 마련하기 위해 잡지사 기자로 활동 중 당대 최고의 부자 앤드류 카네기를 만나면서 인생의 전환점을 맞이하였다. 그는 사람들을 위해 부의 비밀을 전파해달라는 카네기의 유지를 받아들여 1908년부터 1928년까지 507명의 부자들을 인터뷰하고 분석하여 성공철학을 제시하였다. 그렇게 탄생한 저서인 『생각하라 그리고 부자가 되어라(Think and Grow Rich)』는 성경 다음으로 많이 팔린 성공철학서로 평가받는다. 그는 이후 윌슨 대통령 홍보담당 비서관과 루스벨트 대통령 고문관 등을 역임했으며, 1970년 88세로 생을 마감하였다. 현재는 그를 기념하는 '나폴레온 힐 재단'에서 그의 성공철학과 실천 프로그램을 전 세계에 알리고 있다.

1. 시크릿의 저자

론다 번은 1951년 호주 멜버른에서 태어났다. 어린 시절 가정 형편이 어려워서 인생의 험난한 여정을 걷게 되었지만 30대 후반에 드라마 제작사에서 일을 하게 되면서 인생의 전환점을 맞이한다. 그후 2006년 그녀는 "끌어당김의 법칙"을 정리한 『시크릿』을 출간하여 세계적인 베스트셀러 작가가 되었다. 세계 47개국 언어로 번역되어 1,700만부 이상이 팔린 『시크릿』은 한때 시크릿 신드롬이라 불릴 만큼 인기를 몰고 온 세계적 베스트셀러이다. "간절히 원하고 원하는 바를 집중하면 그 원하는 것들이 끌어당겨진다"로 요약되는 시크릿은 많은 논쟁을 불러 일으켰다. 많은 사람들의 삶을 긍정적으로 변화시킨 원동력이 되기도 했지만, 많은 사람들이 끌어당김에 실패해 시크릿을 비난하면서 떠나갔다.

15년이 지난 지금, 론다 번이 다시 돌아왔다. 이번에 그녀가 가져온 책은 『위대한 시크릿』이라는 책이다. 저자는 그동안 심한 우울증을 겪었음을 실토했다. 세계적인 유명세를 타기도 했지만 반면에 2016년 1월 초 삶의 어려움을 겪으면서 심각한 절망에 빠져들었다고 한다. 그녀는 자신이 느끼는 부정적인 감정의 깊이에 깜짝 놀랐다. 대체로 기분이 좋은 상태에서 어떻게 갑자기 그렇게 기분이 나빠질 수 있을까?

그녀는 그 절망스러운 상황을 겪으면서 또 다른 진실을 향한 탐구를 시작하게 되었다. 예기치 않게 닥친 엄청난 고통 속에서 그녀는 방황했으며, 수많은 기도와 수련처를 찾아 다녔다. 마음공부의 스승을 만나 명상에 입문하기도 했다. 그렇게 해서 다시 탄생한 책이 『위대한 시크릿』이다. 이번에 그녀가 깨달은 법칙은 "알아차림의 법칙"이었다.

2. 깨달음과 시사점

1) 알아차림의 법칙은 끌어당김의 법칙보다 상위 차원의 법칙이다.

2) 나는 왜 그동안 내 삶에서 불행과 우울을 겪어야 했던가? 그건 무작정 끌어당겼기 때문이다. 끌어당김을 세게 하면 끌어당겨지기는 하나 때론 무리한 결과도 동반된다. 나의 경우 그 희생과 고통은 너무 컸다.

3) 그러면 어떻게 끌어당겨야 하나? 진동의 법칙을 먼저 이해해야 한다. 우주는 진동의 법칙으로 움직이고 있으며, 그 진동의 법칙은 카르마를 동반한다. 내 존재 상태가 높은 수준에 이르는 것이 끌어당김보다 선행되어야 한다.

4) 존재 상태를 높인다는 것은 "알아차림"의 법칙을 말한다. 나는 누구인지에 대한 깨달음이 선행되어야 한다. 진정 나의 참 모습을 깨

닫지 못한 채 돈, 명예, 사랑을 끌어당기는 것은 진정한 행복을 주지 못한다. 엉뚱한 대가가 함께 끌어당겨올 수가 있기 때문이다.

5) 나의 진정한 참 모습은 "알아차림"이다. "의식"인 것이다. 나는 몸과 마음이 아니다. 몸과 마음은 변하는데 나는 그 변하는 것들을 지켜보는 알아차림이다.

6) 하루에 가능한 한 자주 자신에게 물어라. "나는 알아차리고 있는가?" 알아차림을 놓치고 있다면 다시 알아차림으로 돌아가라.

7) 이 연습을 통해 당신의 알아차림 공부는 깊어질 것이다. 마침내 알아차림이 정착하고 당신 자신이 알아차림 그 자체임을 깨달을 때 당신은 영원한 행복을 얻을 수 있을 것이다.

8) 변하지 않는 의식, 변하지 않는 알아차림이 나의 참모습임을 깨달아라. 그것은 죽음조차 피해갈 수 있는 깊은 철학이다.

9) 그것은 높은 차원의 의식이다.

론다 번
(Rhonda Byrne)

1951년 3월 12일 ~

　　론다 번은 호주 태생의 방송 프로듀서이자 작가이다. 그녀는 프로그램의 흥행 실패로 약 20억원가량의 빚이 생겼고, 몸과 정신에 이상이 생겼다. 그녀의 딸의 도움으로 월리스 와틀스의 저서인 『부자가 되는 과학』이라는 책에 적힌 방법대로 행동하였다. 스스로에게 원하는 상황을 끊임없이 되뇌었고, 부정적인 상황을 긍정적으로 생각하였다. 그렇게 그녀는 '끌어당김의 법칙'을 발견하고, 뛰어난 저술가, 과학자, 철학자들과의 공동 작업으로 『시크릿』의 DVD와 책을 제작하였다. 이 책은 전 세계적인 '시크릿 신드롬'을 불러 일으켰으며, 오프라 윈프리 쇼와 래리 킹 라이브 등 당시 미국 최고의 TV 프로그램에서 소개되는 등 큰 주목을 받았다. 그녀는 타임지가 선정한 세계를 형성하는 100인에 이름을 올리는 등 큰 성공을 이뤘다.

　　그녀는 이후 높은 사회적 지위, 풍족한 경제적 상황를 얻었지만, 알 수 없는 불안과 우울감에 빠졌고, 딸의 건강악화 등의 위기를 겪는다. 이때 그녀는 보다 본질적인 내면에 집중하면서 정신적 스승들을 만나 알아차림의 법칙이라는 새로운 비밀을 발견하였고, 그것은 15년만에 다시 『위대한 시크릿(The Greatest Secret)』으로 출간되었다.

1. 자살을 시도한 사람

에크하르트 톨레는 세계 3대 영성가로 손꼽힌다. 그는 미국과 캐나다에서 활동 중이며 다양한 저술활동과 강연을 펼치고 있다. 오프라 윈프리와 함께 다양한 형태의 웹 세미나를 진행하는 등 세계적으로 선한 영향력을 펼치고 있다. 하지만 그 역시 한때 삶의 좌절감이나 우울감이 극심하게 찾아와 자살까지 시도한 적이 있다고 한다. 죽으려는 순간 "내 모습이 비참하고 마음에 안 들어 죽으려고 하는데, 죽는 나를 바라보는 나가 있었다"고 한다. "비참한 나는 무엇이고, 그것을 지켜보는 나는 무엇인가?"라는 의문이 드는 가운데 순간 그에게는 큰 각성이 찾아왔다. 비참한 나를 지켜보는 나, 관찰하는 또 다른 나가 있음을 깨달은 것이다. 그것은 몸과 마음을 넘어선 진정한 나였고, 내면의 가장 깊은 수준의 심층의식에 존재하는 "True & Inner Self 眞我"였다. 그것은 영원히 변하지 않는 "의식"이었다. 그것을 발견한 순간, 그는 자리에서 떨쳐 일어나 더 이상 좌절하거나 비관할 필요가 없었다. 보다 생생한 더 '큰 나'를 펼치며, 지금도 그 '작은 나'들로 인해 고민하고 좌절하고 방황하고 있을 많은 영혼들에게 큰 희망을 불어 넣어주는 일들을 펼치고 있다.

2. 깨달음과 시사점

1) 내 안에는 또 다른 나가 있다. 그것은 변하지 않는 나이며, 변하는 나를 지켜보는 나이다.

2) 내면의 몸체로 들어가 참나를 발견하라. 몸과 마음을 가라앉히고 머릿속 수다쟁이 에고를 잠재워라. 몸과 마음이 고요하게 이완되면 내면의 몸체로 깊숙이 들어가 나의 진정한 모습을 발견하라. 그것은 영원한 의식으로서 변하지 않는 나이다.

3) 톨레는 의식Consciousness과 마인드MIND를 엄격하게 분리했다. 의식은 심층 차원의 깊은 상태이고, 마인드는 표층 차원의 얕고 전도된 생각이다. 마인드MIND는 표층에서 일어나는 얕은 생각을 의미하며, 이는 자신의 몸 중심의 부정적이고 폐쇄적이며 제한적인 자기중심적인 에고이다. 하지만 의식Consciousness은 이러한 표층의 마인드MIND[18]보다 더 깊은 차원의 의식이다.

4) 내 안에는 나를 지켜보는 내가 있다. 그 나는 변하지 않는 의식이며, 변하는 몸과 마음을 지켜보는 변하지 않는 관찰자이다. 그 의식은 광대무변하며 무소부재한 지성이다. 그것은 초월적이면서 동시에 모든 이의 가슴에 내재해 있다.

5) 그 내면의 깊은 의식을 발견하는 자는 영원한 평화와 자유를 얻

으며, 참다운 행복을 얻는다. 그는 높은 차원의 의식에 도달할 수 있다.

3. 높은 차원의 의식으로 들어가는 법

1) MIND마음와 Consciousness의식을 연결하는 매체는 BODY몸이다.

2) MIND마음는 생각과 감정을 말하는데, 우리를 속이는 가짜 EGO마음이다.

3) 진짜 마음으로 들어가려면 겉 MIND마음에 속지 말고, 우리 몸속의 깊은 Consciousness의식로 들어가야 한다. MIND마음와 Consciousness의식 중간에 BODY몸가 있다.

4) 내면의 몸체에 집중하라. 온몸의 긴장을 풀고 내면으로 들어갈 때 그대는 진정한 의식에 접근할 수 있다.

5) 그렇게 되면, 생명이 우리 몸에 국한되어 존재하는 게 아니라, 우주, 하늘과 땅 사이에 만물이 생명으로 가득차 있음을 알게 된다. 그것은 존재, 순수의식. 혹은 의식, 알아차림이라고 부를 수 있다. 그것이 그대의 참나 의식으로서 높은 차원의 의식이다.

에크하르트 톨레
(Eckhart Tolle)

1948년 2월 16일 ~

에크하르트 톨레는 독일 태생의 영성 지도자이며 자기계발 작가이다. 그는 달라이 라마, 틱낫한과 함께 21세기를 대표하는 영적 지도자로 칭송받는다. 뉴욕타임스에서 '미국에서 가장 신뢰할 만한 명상 서적 분야의 저자'라는 평가를 받았으며, 왓킨스 리뷰에서도 세계에서 가장 큰 정신적 영향력을 지닌 인물로 선정되었다.

하지만 그는 불우한 어린 시절과 청년기의 극심한 우울증으로 몇 번의 자살 시도를 하는 등 인생의 암흑기에 빠져있었다. 1997년 어느 날 그는 마침내 존재에 고통을 안겨 주는 허구의 자아를 벗어던지고, 절망의 나락에서 깨달음의 밝음으로 솟아오르는 내적 변혁을 경험하였다. 그리고 이러한 내적 변혁의 경험을 세미나와 강연, 상담 등을 통해 많은 사람들과 공유하였다. 이러한 경험을 바탕으로 출간한 『지금 이 순간을 살아라(The Power of Now)』와 『삶으로 다시 떠오르기(A New Earth)』는 뉴욕타임스 베스트셀러 1위에 올랐다. 그는 지금도 꾸준히 본인의 경험을 많은 강연과 저서를 통해 공유하고 있다. 모든 문제와 불행의 원인인 '자기 자신'이라는 감옥에서 벗어나 '지금 이순간의 자유와 기쁨을 만나라'는 단순하면서도 심오한 메시지를 전하고 있다.

제 6 장
인문과학 분야의 성공

몰입

1. 몰입의 대가

　칙센트미하이는 헝가리 출신의 이민자 가정에서 태어나 일가를 이룬 심리학의 대가이다. 그는 시카고대학의 교수로서 몰입이라는 긍정심리학을 개척한 세계적인 심리학자이다. 가난한 가정에서 자수성가한 사람답게 그는 가난하고 어려운 제자들에게 늘 따뜻한 배려와 관심을 갖는 것으로도 유명하다. 한국에도 그의 많은 제자들이 있다.

　그는 말한다. "세상에는 두 부류의 사람들이 있습니다. 몰입하고 창조적으로 자신의 삶을 사는 사람과 그렇지 못한 사람, 두 부류가 있습니다. 저는 그동안 세계적으로 유명한 사람들을 많이 만나봤습니다. 대통령과 같은 유명한 정치인, 재벌 회장들, 그리고 노벨상을 수상한 친구들도 제 주변에는 수십 명이나 있습니다. 그러나 저는 그들이 유명하다고 해서 존경하지 않습니다. 제 눈에 들어오는 사람은 오히려 신분과 관계없이 자신의 삶을 창조적으로 이끄는 사람입니다. 언젠가 저는 디트로이트 공장을 방문한 적이 있습니다. 거기에서 제가 만난 한 엔지니어는 자신의 삶을 창조적으로 사는 사람이었습니다. 언제나 자신의 일에 몰두해 있는가 하면, 조금이라도 한가한 시간이 되면 주변에 도움이 되는 일을 찾아 도와줍니다. 언제나 기쁜 마음으로 일합니다. 퇴근 후에는 손자들의 물건을 만들어 준다든지 자신의 정원에 스프링클러를 변형해 물레방아를 만드는 등 언제나 창조적인 일을 찾아 몰입합니다. 나는 이런 사람이 가장 존경스럽습니다."

2. 몰입으로 들어가는 법

그렇다면 그가 제시한 몰입하는 법은 무엇일까?

1) "역량과 도전"

역량과 도전이 우리 인생의 두 축이다. 자신의 역량을 키우면서 도전의 레벨도 올려야 한다. 역량도 도전도 낮은 상태를 무관심이라고 한다. 역량은 높은데 도전이 낮으면 무료함에 들어간다. 역량은 낮으면서 도전만 높으면 불안감에 휩싸인다. 따라서 우리는 역량을 키워나가면서 도전의 수위도 올려야 한다.

2) "목표, 피드백, 도전"

목표, 피드백, 도전을 명심하라. 목표를 세우고 중간 점검을 해나가되 도전의 수위를 올려야 한다. 목표는 자신의 역량보다 높게 세울 때 도파민이 나온다. 그것을 성공시키면 다음 도전을 향한 동기부여로 작동된다.

3) "몰입과 창조성"

몰입에서 창조성이 나온다. 몰입을 하면 긍정 호르몬이 나오고 그러면 창조성이 높아진다. 몰입하는 삶이 가장 바람직한 삶의 양태이며 창조성이 가장 높은 삶이다.

4) "높은 차원의 의식"

몰입하는 의식 상태가 높은 차원의 의식이다. 몰입을 하면 자신감이 솟구치며 호기심이 극대화된다. 지금까지 무엇을 했는지는 중요치 않다. 지금부터 어떤 생각으로 임하느냐가 중요하다.

낮은 차원의 의식은 번뇌와 혼침이다. 보통 사람들의 뇌파는 번뇌(+)와 혼침(-)을 반복한다.

하지만 몰입의 특징은 텅 빔과 고요함, 그리고 밝은 알아차림이다. 텅 빔과 고요함은 번뇌에 대한 항생제이고, 밝은 알아차림은 혼침에 대한 항생제이다. 몰입하게 되면 고요하고 텅 빈 상태, 그러면서도 신령스럽고 밝게 알아차리는 높은 의식의 상태에 들어가게 된다.

미하이 로버트 칙센트미하이
(Mihaly Robert Csikszentmihalyi)
1934년 9월 29일 ~ 2021년 10월 20일

칙센트미하이는 미국의 심리학자로서 '긍정심리학' 분야의 대표적인 연구자이다. 1958년 시카고대학에서 행동주의 심리학으로 박사학위를 취득한 후 시카고대학교에서 40년 넘게 심리학, 교육학 교수로 재직하였다. 이후 캘리포니아 클레어몬트대학원 교수로 재직하였으며, '삶의 질 연구소' 소장으로 긍정심리학을 연구하였다. 긍정심리학 분야의 선구적 학자라는 평가를 받고 있으며, 그의 이론들은 경영학과 심리학 분야에서 가장 많이 인용되고 있다.

그는 '몰입'을 주제로 다방면으로 연구를 수행함으로써 긍정심리학의 선구자라고 평가받았다. 그는 몰입의 중요성을 강조하면서, "삶을 훌륭하게 가꾸어 주는 것은 행복감이 아니라 깊이 빠져드는 몰입이다"라고 주장했다. 몰입을 통해 '삶에 대한 통제감, 성취감, 집중이 가져오는 평화'를 경험하게 되면 자주 몰입을 경험할 수 있다는 것이다. 그의 저서인 『몰입의 즐거움』은 긍정심리학 분야에 큰 영향을 미쳤으며, 뉴욕타임스는 그를 '몰입에 미친 남자'라고 표현할 정도로 그의 저서를 극찬하였다.

1996년 빌 클린턴 전 미국대통령은 뉴스위크와의 인터뷰에서 칙센트미하이 교수를 가장 좋아하는 저술가로 꼽기도 했다.

1. 고통 속에 흔들리는 불꽃

1749년 독일에서 태어난 괴테Johann Wolfgang von Goethe는 어려서부터 아버지에게 엄격한 교육을 받으며 자랐다.[19] 그러던 중 "7년 전쟁슐레지엔 영유를 둘러싸고 유럽대국들이 둘로 갈라져 싸운 전쟁, 1756~1763"이 일어났고, 괴테의 마을이 프랑스군에게 점령되었고, 그 당시 괴테는 자유로운 프랑스 문화를 접하게 되었다. 엄격한 교육만 받고 자라던 괴테는 처음 접한 자유로운 프랑스 문화에 충격을 받게 되었다. 그때부터 문학에 대한 갈증을 가지고 살았다.

문학에 대한 갈증도 잠시, 괴테는 아버지의 권유에 따라 라이프치히대학교University of Leipzig에서 법학을 공부하였다. 그러던 중 사랑하는 여인 샤를로테 부프를 만났지만, 그녀는 이미 약혼자가 있었고 그의 사랑은 이루어질 수 없었다. 괴테는 이러한 고통을 작품으로 승화시켜 『젊은 베르테르의 슬픔』이라는 소설로 출간하였다. 이 작품은 당시 세계적으로 폭발적인 인기를 얻었으며, 무명작가였던 괴테를 단숨에 세계적인 명성의 작가로 만들어 주었다.

하지만 이러한 기쁨도 잠시, 이 소설을 읽은 사람들은 극중의 베르테르처럼 옷을 입고 다녔고, 심지어 그를 모방한 자살 시도까지 했다. 이를 '베르테르 효과Werther effect'라고 부른다.

괴테는 이러한 '베르테르 효과'를 보고 충격에 빠졌다. 동시에 문학이 지니는 위력과 함께 작가로서의 책임감도 무겁게 느꼈다. 불꽃과도 같은 괴테의 재능은 고통 속에서 흔들리고 있었다. 그는 사람들에게 흔들리지 않는 가치를 선사하고 싶었고, 그에 따라 "인생에서 무엇을 하는 것이 삶을 진정으로 발전시키는 것인가?"라는 근본적 문제를 고민하기 시작했다.

2. 깨달음, 향상심

괴테는 많은 고찰을 통해 향상심向上心을 제시했다. 향상심이란 확고한 비전과 미래를 향하는 뜨거운 의욕을 가지고 자신감 있는 태도로 임하는 마음이다. 그는 '존재론적 향상심'이 지금보다 나은 내일을 만든다는 것을 깨달았다. 이를 깨달은 괴테는 자신의 깨달음을 그의 문학작품에 고스란히 담아 사람들에게도 깨달음을 전했다.

괴테는, 깨달은 '향상심向上心'을 바탕으로 문학은 물론 정치와 자연과학에도 긍정적인 힘을 전달했다. 1775년부터 10년 남짓 바이마르의 여러 공직을 맡으며 국정에 참여했다. 이를 통해 정치적으로 향상심을 전달했다. 그리고 지질학·광물학 등 자연과학 연구에도 몰두했다. 꾸준한 연구로 당시 인간에게는 없다고 알려졌던 간악골을 발견하여 비교해부학의 선구자가 되었다. 이를 통해 과학적으로도 향상심을 전달했다. 이외에도 괴테는 다양한 분야에서 향상심을 바탕으로 많은 업적을 남겼다. 이러한 업적들은, 괴테 스스로 향상심이 다양한 분야에서 사용될 수 있다는 것을 증명한 셈이다.

괴테가 깨달은 향상심은 당연해 보이지만 사실은 위대한 것이었다. 그리고 괴테가 겪었던 실연의 아픔이나 압박감, 고통 등에서 오는 에너지를 긍정의 에너지로 승화시켜 문학이나 정치, 과학 분야에 기여한 것이다.

괴테는 '내 인생에서 보다 나은 삶을 살기 위해 무엇을 해야 하는가?'라는 물음에 다음과 같이 답한다. [20]

"지금 무엇을 하는 어떤 사람이건, 삶을 발전시키는 최고의 자산은, 지금보다 더 나은 내일을 만들려는 '향상심'이라는 점을 명심해야 한다."

요한 볼프강 폰 괴테

(Johann Wolfgang von Goethe)

1749년 8월 28일 ~ 1832년 3월 22일

괴테는 독일의 고전주의 성향의 작가이자 철학자이다. 독일의 가장 위대한 문인이며, 셰익스피어, 톨스토이와 함께 세계적인 대문호로 손꼽힌다. 유복한 집안에서 태어난 그는 어려서부터 많은 교육을 받고 라이프치히대학에 입학하여 법학을 공부하였다. 하지만 그는 법학에 별다른 흥미를 느끼지 못하고 갤러트(Christian Furchtegott Gellert)를 비롯한 여러 문인들과 교류하며 글쓰기에 많은 관심을 기울였다. 1770년 슈트라스부르크대학 재학 당시 호메로스, 오시안, 셰익스피어의 위대함에 눈을 떴으며, '질풍노도 운동'(Sturm und Drang)의 계기를 마련하였다. 그는 법률 사무소 견습생일 때 약혼자가 있는 샤를로테 부프와 사랑에 빠지게 되었는데, 이때의 경험을 『젊은 베르테르의 슬픔』(1774)이라는 걸작으로 표출했다.

그는 이후 행정가로 국정에 참여하면서 다양한 성과를 거두었고, 식물학, 해부학, 광물학, 지질학, 색채론 등 인간을 설명하는 모든 분야에 관심을 기울였다. 그는 이후 실러를 만나 함께 『빌헬름 마이스터의 수업시대』(1796), 『색채론』(1810), 『빌헬름 마이스터의 편력시대』(1821), 『이탈리아 기행』(1829) 등을 저술하면서, 독일 바이마르 고전주의를 꽃피웠다. 그의 유작인 『파우스트』(1831)는 그가 스물네 살 때부터 구상하기 시작하여 생을 마감하기 바로 한 해 전에 완성한 역작으로 평가받고 있다.

제3절 니체 이야기

초인

1. 니체

니체는 평생 이름 모를 질병을 달고 살았다. 어린 시절 김나지움에서부터 그는 원인 모를 고통에 호소했다. 니체의 전기에 따르면 잠시 반짝 좋은 때도 있었지만 예기치 않게 고통은 엄습하여 그를 괴롭히곤 했다.

"그의 병상일지를 보면 1859년에서 1864년 사이 평균적으로 일주일에 스무 번이나 치료를 받았다. 만성 질병인 극심한 두통과 귀의 종기, 위장 염증, 구토, 어지럼증 등 다양한 질병에 의해 고통받았다."[21] 또한 그는 개인적으로 사랑에도 실패하여 그가 유일하게 청혼한 루 살로메는 그의 청을 거절했다.

하지만 니체가 위대했던 점은 그의 사상에도 있었지만 평생 이러한 자신의 실존에 굴복하지 않았다는 점이다. 그는 자신의 아픔을 철학으로 승화시켰다. 니체는 당시 서구문명 속에서 허무주의에 빠진 '나'와 '창조'를 잃어버린 사람들을 위해 '힘에의 의지', '생동감 넘치는 긍정의 철학', '초인사상' 등을 처방으로 제시하였다.[22]

2. 니체의 깨달음

1) 힘에의 의지

힘에의 의지는 니체의 사상에서 가장 핵심이 되는 개념이다. 힘에의 의지란 "주인이 되고자 하고, 그 이상이 되고자 하며, 더욱 강해지고자 하는 힘과 의지 작용"(Herr-werden-, Mehr-werden-, Stärker-werden- wollen)으로 정의할 수 있다. 그리고 힘과 의지들 사이의 끝없는 경쟁과 투쟁은 피해야 될 대상이 아니라, 우리의 삶 그 자체로서 받아들여야 한다고 보았다. 그래서 니체는 자기 스스로를 더욱더 강한 존재로 만들기 위해 끊임없이 노력해야 한다고 주장했다. 그리하여 힘과 생동감으로 넘치는 삶 자체가 고귀한 삶이라고 주장하였다.

2) 춤추고 웃는 법을 배워라

니체의 철학은 삶에 대한 사랑과 자신을 긍정하라는 것이며, 낡은 관습과 선입관을 깨고 새로운 가치를 창출하라는 것이었다. 바로 이러한 니체의 철학은 두 가지 원칙이 있는데, '자신의 삶을 사랑하는 것'과 '심각해지지 않기'이다. 그리고 이것의 시작은 '춤'과 '웃음'에서 비롯된다고 말한다. 그는 인간이 처음부터 날 수는 없지만, 침체되거나 우울해지지 않고 즐겁게 사는 것이야말로, '중력의 영'을 죽이고, 생을 철저히 긍정하고 활력 넘치게 살아가는 방법이라고 하였다.

3) 초인의 탄생

니체는 "신이 죽었다"고 선언하였다. 그리고 신의 죽음으로부터 새로운 존재의 탄생을 기대했는데, 그 존재가 '초인'이다. 초인은 '인간을 넘어섬'이라는 뜻이다. 자본주의의 안락함, 생존과 쾌락의 낮은 차원의 욕구를 추구하지 않고, 끝없이 자신을 상승시키기 위해 투쟁하고 노력하라는 것이다.

하지만 이 초인 사상이, 흔히 오해하듯이, 반드시 인간을 넘어서는 '초월적 존재'를 의미하는 것은 아니다. 생존과 쾌락에만 연연해하는 병약한 사람이 되지 말고, 힘과 의지, 생동감이 넘치는 존재, 생명력이 고양된 존재가 되라는 의미이다. 23)

니체는 "감정을 다스리는 것을 넘어 몸을 다스려라."라고 말했다. 운명을 수긍하고 사랑하면서아모르 파티amor fati, "낙타에서 사자로, 사자에서 아이로 생동감 넘치는 삶을 살면서 너만의 꽃을 피우라."고 외쳤다. 24)

프리드리히 빌헬름 니체
(Friedrich Wilhelm Nietzsche)

1844년 10월 15일 ~ 1900년 8월 25일

프리드리히 니체는 독일의 철학자로, 쇼펜하우어의 의지철학을 계승하는 '생의 철학'의 기수(旗手)이며, 키에르케고르와 함께 실존주의의 선구자로 평가받고 있다. 어린 시절 슐포르타 기숙학교에서 엄격한 고전 교육을 받고, 1864년 대학에 진학하여 신학과 고전문헌학을 전공하였으며, 1865년 스승인 리츨을 따라 라이프치히대학으로 거취를 옮겨 공부를 마쳤다. 이후 그는 25세의 젊은 나이로 스위스 바젤대학의 고전문헌학 교수로 임명되었고, 28세에 첫 작품인 『비극의 탄생』을 발표하였으며, 1873년부터 1876년까지는 독일과 독일민족, 유럽 문화에 대한 통렬한 비판을 가하며, 위대한 창조자인 '천재'를 새로운 인간형으로 제시한 『반시대적 고찰』을 집필하였다.

1879년 건강이 악화되면서 재직 중이던 바젤대학을 퇴직하고, 이후 주로 이탈리아와 프랑스의 요양지에 머물며 저술 활동에만 전념하였다. 1888년 말부터 정신이상 증세를 보인 니체는 이후 병마에 시달리다 1900년 8월 25일 바이마르에서 생을 마감하였다. 니힐리즘(nihilism, 허무주의)을 기반으로 하고 있지만 언제나 현재 순간에 충실하며 자신만의 삶을 창조하고 긍정하라는 취지의 그의 저서와 명언들은 현재까지도 많은 사람들에게 깨달음을 주고 있다.

1. 염세주의자

쇼펜하우어는 반항아였다. 자신과 함께 상인의 길을 가라는 아버지에게 반항하여 아버지에게 소리쳤다. "전 결코 아버지와 같은 삶을 살지 않을 거에요! 전 철학자가 되겠습니다." 아버지와의 갈등은 3년간 지속되었다. 마침내 아버지가 굴복하자 이번엔 거꾸로 아버지의 사랑에 감복하여 쇼펜하우어는 아버지를 따라 상인이 되기로 결심한다. 학교를 포기하고 아버지를 따라 유럽 전역을 돌면서 상인으로서의 삶을 배워가던 중 갑작스럽게 아버지가 돌아가시게 된다. 이미 나이가 많이 든 쇼펜하우어는 방황에 빠진다. 아버지가 돌아가신 마당에 상인의 길을 계속 걷고 싶지도 않았지만, 나이가 너무 든 지금 다시 학문의 길을 가기도 어렵게 되었다.

많은 방황의 시간을 보내던 중 주변의 지인으로부터 다음과 같은 편지를 받는다. "역사상 뒤늦게 출발하여 위대한 철학자가 된 사례는 수도 없이 많다네. 지금도 늦지 않았으니 학문의 길을 포기하지 말길 바라네." 그의 조언에 힘입어 쇼펜하우어는 다시 어렵사리 만학도의 길을 걷게 된다. 마침내 그는 모든 어려움을 극복하고 오늘날 우리가 알고 있는 위대한 철학자로 탄생하게 되었다.

2. 깨달음

쇼펜하우어는 그의 저서 『의지와 표상으로서의 세계』에서, "세계는 나의 표상이다."라고 주장하였다. 그는 이 세계를 이루고 있는 표상은 뿌리 깊은 믿음, 욕망, 의지라고 하는 무의식의 반영이라고 주장했다.

쇼펜하우어는 인간의 삶을 인격, 재산, 명예 3가지로 나누었는데, 이는 인간을 '이루고 있는 것'과 '지니고 있는 것' 그리고 '남에게 보이는 것'으로 나눈 것이다. [25]

1) 보통의 평범한 사람들은 재산과 명예 등 자신이 소유하고 있는 물건들과 자신이 보여지는 것들을 통해서 행복을 얻는다. 이러한 행복은 외부에 있는 것들에 의존하게 되고 내부에 있는 보이지 않는 것, 즉 정신적인 행복을 잃어버리는 상태에 도달한다. 또한, 외적인 행복은 완전히 충족시킬 수가 없기 때문에 끊임없는 욕구 충족을 바라게 된다. 따라서 쇼펜하우어는 이러한 외적인 것들로부터 발생되는 행복보다 인간 내면의 인격으로부터 발생하는 내적행복이 더 오래 가는 것, 즉 진정한 행복이라고 보았다.

2) 비범한 사람들은 인간을 이루고 있는 것, 즉 내면적 인격을 통해서 행복을 얻는다. 여기에는 미적 관조와 지적 관조가 있다. 미적 관조란 사물과 현상을 바라보면서 사물과 현상 뒤편에 자리 잡고 있는 영원하고 보편적인 아름다움을 뜻한다. 지적 관조란 사

물의 본성을 이해하고 앞으로 일어날 일의 본질에 대해서 깨달으며 세상과 연기의 필연성을 인식하는 것을 말한다.

3) 쇼펜하우어는 '도덕'을 이야기하였다. 도덕은 타인의 고통을 공감하고 연민함으로써 보편적인 자비 정신을 함양시켜 나갈 때 불교에서 말하는 '해탈'의 경지에 이를 수 있다고 주장했다.

쇼펜하우어는 염세적인 세계관을 지녔기 때문에 인간을 고통 속에 사는 존재라고 보았지만, 그는 단순히 여기에 그치지 않고, 인간 내면의 이성들로 고통을 해결할 수 있다고 주장했다. 이에 대한 방법으로 '미적 관조'와 '지적 관조', 그리고 '도덕'을 들었으며, 이를 통해 인간은 외적인 행복을 넘어 내적인 행복을 추구할 수 있다고 보았다. 이것은 진선미를 의미하는 것이며, 물질이 아닌 정신의 심층의식 속에 구현된 가장 높은 차원의 원리라고 볼 수 있다.

아르투어 쇼펜하우어
(Arthur Schopenhauer)

1788년 2월 22일 ~ 1860년 9월 21일

　쇼펜하우어는 독일의 철학자로 칸트의 사상을 계승하였다. 1809년 독일 괴팅겐대학에 입학하여 자연과학과 철학을 전공하였으며, 그의 박사학위 논문인 『충족이유율의 네 가지 근원에 대하여』(1813)는 현재까지 인식론의 고전으로 평가받는다. 이어 괴테의 『색채론』에 자극 받은 『시각과 색채에 대하여』라는 저서를 완성하였으며, 『의지와 표상으로서의 세계』(1819)를 발표하였다. 이 책은 니체에게 큰 영향을 끼쳤다.

　그는 베를린대학의 교수가 되었으며, 대학에서 독일 관념론의 헤겔과 충돌하여 그에 맞서는 강좌를 개설하였다. 이후 대학 내의 파벌을 경멸하며 은둔 생활을 하면서 학문 연구에만 몰두하였다. 이후 1851년에 『인생을 생각한다』라는 저서를 출판하면서 큰 주목을 받게 된다. 그는 말년에도 이전과 동일하게 그동안 집필한 저서들을 마무리하며 지냈으며, 『의지의 자유에 대하여』, 『독일 철학에 있어서의 우상 파괴』 등의 저서를 집필하였다. 그는 동양학자 프리드리히 마이어를 통해 힌두교와 불교에 대해 알게 되었고, 이 종교의 핵심 교리와 자신과 칸트가 도달하고자 하는 결론이 같다는 것을 깨닫게 되었다. 이러한 깨달음을 집필을 통해 완성했다. 그는 현재까지도 많은 사상가들에게 영향을 준 독창적인 철학자로 평가받는다.

제 7 장
종교사상 분야의 성공

공적영지

1. 조계종의 창시자, 지눌스님

지눌은 한국 불교의 대표 간판인 조계종을 창시한 고려 의종 때의 승려이다. 호는 목우자(牧牛子)이며, 보조국사로서 나라의 스승 역할을 하셨다. 그가 지은 『수심결』은 짧고 간결하면서도 깊은 뜻을 담고 있어 지금도 참선하는 이들의 선수행(禪修行) 지침서가 되고 있다.

지눌은 어려서부터 병약했다. 목숨이 경각에 달린 고열의 병을 앓게 되자 그의 부모는 부처님께 간절하게 기도드렸다. 목숨만 살려 주신다면 불가에 바치겠노라고. 정말로 그의 병이 완쾌되자 출가시켰다.

8살 때 일이었다.

그는 『육조단경』을 읽고 처음 깨달음을 얻었고, 『대혜어록』을 보다가 최종적인 깨달음을 얻었다고 한다. "선은 고요한 곳에도 시끄러운 곳에도 있지 않다. 날마다 인연 따라 생기는 것도 아니며, 생각과 분별하는 곳에도 있지 않다. 그러므로 먼저 고요한 곳, 소란한 곳, 일상의 인연을 좇는 곳, 생각하고 분별하는 곳을 버리지 않고 참선해야 홀연히 눈이 열리고 이 모든 것이 비로소 자기 자신에게 있음을 알게 될 것이다."

"눈, 귀, 코, 혀, 몸, 뜻(육근)으로 보고 듣고 맛보고 깨달아 진여자성을 알지만, 이것은 그 어떤 것에도 물들거나 더럽혀지지 않는다." 이것으로 그는 불성을 깨달았고, 그 불성은 자기 내면에 본래 갖추어진 공적영지의 불성이었다.

스님에게 전설처럼 내려오는 옛 이야기가 하나 있다. 승과에 합격하기 전 불일암이라는 곳에서 공부를 하고 있을 때였다. 어느 여름 밤 뇌성이 치고 벼락이 나무를 때리며 무서운 폭풍이 휘몰아쳤다. 마치 산천은 천지가 개벽하는 것 같이 무서운 변화를 가져오는 듯했다. 산이 쩍 갈라지고 용소에서는 용이 푸른빛을 발하며 하늘로 오르는 것 같았고 땅은 마구 흔들리며 천지를 진동하고 있었다. 날이 밝아오자 이윽고 비가 멎으면서 뇌성도 그치는 것이었다. 그제서야 지금까지 무서워 꼼짝 못하고 두려움에 떨던 스님은 방문을 열고 나가보았다.

그랬더니 아, 이게 웬일인가 이제까지 용소 옆에 하나로 서 있던 산이 두 개의 백합봉과 청학봉으로 갈라졌고 용소로 흐르던 물줄기가 없어지고 천길 절벽에 거대한 폭포가 생겨난 것이었다. 스님은 거기에서 큰 깨달음을 얻었다. 세상은 큰 고통을 겪은 다음에야 새로운 세상이 생겨난다는 것과, 성불도 이와 같은 이치란 걸 깨우친 것이다. 이 깨우침을 얻자 스님은 더 큰 가르침을 배우고 베풀기 위해 곧바로 서울로 가서 승과 과거를 치르고 합격하게 되었다. 이 스님이 바로 고려 불교의 교종과 선종을 통합한 조계종의 창시자인 보조국사 지눌이었다.

2. 공적영지의 깨달음

1) 밖에서 구하지 말라

삼계(三界)의 뜨거운 번뇌가 마치 불타는 집과 같은데, 어찌하여 그대로 머물러 긴 고통을 달게 받을 것인가. 윤회를 벗어나려면 부처를 찾는 것보다 더한 것이 없다. 부처란 곧 이 마음인데 마음을 어찌 먼데서 찾으려고 하는가. 마음은 이 몸을 떠나 따로 있는 것이 아니다. 육신은 헛것이어서 생이 있고 멸이 있지만, 참마음은 허공과 같아서 끊어지지도 않고 변하지도 않는다.

그러므로 이 몸은 무너지고 흩어져 불로 돌아가고 바람으로 사라지지만, 마음은 항상 신령스러워 하늘을 덮고 땅을 덮는다고 한 것이다. 그 마음을 공적영지라고 부른다.

2) 불성은 어디에 있나?

그대의 몸 안에 있는데도 그대 자신이 보지 못할 뿐이다. 그대가 배고프고 목마른 줄 알며, 춥고 더운 줄 알며, 성내고 기뻐하는 것이 도대체 무엇인가? 또 이 육신은 지(地), 수(水), 화(火), 풍(風)의 네 가지 인연이 모여 된 것이므로 그 바탕이 둔해서 감정이 없는데, 어떻게 보고 듣고 깨닫고 알겠는가. 보고 듣고 깨닫고 아는 그것이 바로 그대의 불성이다.

3) 공적영지

도는 알고 모르는 데 있지 않다. 그대가 어리석어 깨닫기를 기다리니 그 마음을 버리고 내 말을 들어라. 모든 법은 꿈과 같고 허깨비와 같으므로 번뇌 망상은 본래 고요하고 물질 세상은 본래 공한 것이다. 모든 법이 다 공한 곳에 신령스러운 앎(靈知)이 어둡지 않다. 그러므로 공적(空寂)하고 영지(靈知)한 마음이 바로 그대의 본 모습이다. 그대 내면에 텅 비어 있고 고요하면서도, 밝고 신령스럽게 알아차리는 높은 차원의 마음을 발견하라.

3. 함의 및 시사점

1) 지눌 스님의 깨달음은 공적영지로 잘 알려져 있다. 스님은 "단지 불회但知不會면 시즉견성是卽見性"이라는 유명한 말을 남겼다. 단지 모른다는 마음만 간직하면 그 즉시 견성하여 부처를 보리라는 것이다.

2) 단지 모른다는 마음이란 무엇인가? 우리는 세상을 살면서 많은 부침을 겪는다. 매일 다양한 사건과 충격을 받으면서 번뇌에 시달리기도 한다. 그럴 때 "몰라!"라는 치트키를 사용하라고 스님은 가르친다. "몰라!" 하고 내려놓으라는 것이다. 그 몰라는 알고 모르고를 떠나 일단 상황을 멈추는 치트키이다.

3) 몰라! 하면 공적영지의 마음으로 돌아간다고 스님은 말한다.

4) 공적영지란 텅 비고 고요한데 신령스럽게 알아차리는 마음을 말한다.

5) 우리는 다양한 현상이 일어났다 사라지는 표층의식을 떠나 깊은 심층의식으로 들어가면 공적영지의 마음이 있다. 그것은 우리의 참 모습인데 고요하고 텅 빈 가운데 밝게 알아차리는 마음이다.

6) 그것이 늘 작동하고 있지만 우리는 현상에 휘말려 쉽게 놓치고 산다.
7) 그것을 다시 찾아라. "몰라!" 하는 마음으로 외부의 자극을 차단하고 고요하게 자신의 내면으로 몰입하라. 그곳에서 공적영지의 마음을 만나게 될 것이다.

8) 공적영지의 마음은 심층의식이며 불성이며 높은 차원의 의식이다.

9) 공적영지의 마음을 깨치는 것을 돈오敎悟라고 하고, 그 깨친 자리를 지키고 키워나가는 것을 점수漸修라고 한다.

10) 공적영지의 마음을 깨치는 것을 선禪이라고 하고, 그 깨친 자리를 부처님 경전에서 확인하는 것을 교敎라고 한다.

11) 공적영지의 마음을 깨치는 것을 정定이라고 하고, 그 깨친 자리를 지키고 실천하는 것을 혜慧라고 한다.

지눌(知訥)
1158년(의종 12) ~ 1210년(희종 6)

지눌은 1158년(의종 12)에 황해도 서흥군(당시 경서의 동주)에서 태어났다. 자호(自號)는 목우자(牧牛子)이며, 속성은 정씨(鄭氏)이다. 하급 관료 집안 출신인 지눌은 어려서 출가하였고, 1182년(명종 12)에 승과에 합격하였다. 이후 창평의 청원사(淸源寺)에 머무를 때에 혜능(慧能)의 『육조단경(六祖壇經)』을 읽고서 진성(眞性)에 대하여 깨달음을 얻고, 3년 후에는 하가산 보문사에서 이통현(李通玄)의 『신화엄경론(新華嚴經論)』을 읽고 그러한 깨달음을 다시 확인하였다.

1197년(명종 27)에 지리산 상무주암에서 수도하던 중 대혜종고(大慧宗杲)의 『대혜어록(大慧語錄)』에 나오는 "선(禪)은 고요한 곳에 있지 않으며 또한 소란한 곳에 있지도 않다. 일상의 인연을 좇는 곳에 있지 않고, 또한 생각으로 분별하는 데 있지도 않다. 그러므로 먼저 고요한 곳, 소란한 곳, 일상의 인연을 좇는 곳, 생각하고 분별하는 곳을 버리지 않고 참선해야만 한다. 홀연히 눈이 열릴 때 비로소 이 모든 것이 자기 자신에게 있음을 알게 되리라."라는 구절을 보고서 최종적인 깨달음을 얻었다.

이후 지눌은 이러한 깨달음의 입장에서 자신의 선(禪) 사상을 체계화하고 교화를 펴나갔다. 그것은 선종과 교종이 통합으로 나타났으며, 공적영지의 철학은 그의 명저, 『수심결(修心訣)』에 잘 나타나 있다. 그가 지은 『수심결』은 짧고 간결하면서도 깊은 뜻을 담고 있어 지금도 마음 닦는 이들의 선수행(禪修行) 교과서가 되고 있다.

제2절 퇴계 이야기

허령지각

1. 퇴계의 위기

우리나라에서 퇴계에 대한 사랑과 경모는 매우 극진하여, 문집을 통해 그분이 하신 말씀을 읽고, 문인들이 기록한 행록을 통해 그분의 행적으로 읽는다. 퇴계는 우리나라 지폐 천원권의 인물로도 유명하다. 하지만 이러한 대학자 퇴계에게도 위기가 있었다. 1545년 을사사화乙巳士禍에서 간신히 죽음을 면한 뒤 낙향했다가 다시 서울로 왔지만 정적政敵들은 호시탐탐 퇴계의 목숨을 노렸다. 충청지사까지 지냈던 형은 처형당했다. 그는 을사사화를 직접 겪으며 사람들이 처형되는 것을 보았을 뿐만 아니라 자신도 연루되어 고초를 겪다가 간신히 죽음만은 면한 상태가 되었다(홍문관 전한典翰에서 파직당했다).

뿐만 아니라, 퇴계는 또 다른 불행한 일도 많이 겪었다. 결혼 후 6년 만에 허씨 부인인 아내를 잃었고, 3년 뒤에 두 번째 권씨 부인을 맞이하는데, 그녀는 그녀 집안에 몰아 닦친 기묘사화己卯史禍로 인해 정신질환을 앓고 있었다. 이후 퇴계의 가족은 또 한 번 줄초상을 치르게 되는데, 을사사화에 휘말려 형이 죽고, 아내인 권씨도 아이를 낳다가 죽고, 아들도 갑자기 죽게 된 것이다. 퇴계는 이로 인해 건강까지 나빠지게 된다.

이처럼 혹독한 시련이 있었는데 어떻게 퇴계는 이러한 불행을 딛고 높은 학문을 정립할 수 있었을까?

2. 퇴계의 길

퇴계는 본래부터 성품이 순수하여 학문을 좋아했던 데다가 이러한 일들을 겪으니 현실정치에 환멸을 느끼게 되었다. 이후 지방관직을 자원해서 단양군수와 풍기군수를 역임하며, 점점 중앙정계와 멀어지려고 노력했다. 그리고 틈만 나면 고향 안동으로 돌아가 후학을 양성하고 남은 시간 학문에만 매진하겠다는 생각을 굳히게 된다.

그러다가 퇴계가 더욱 유명해진 것은 당시 갓 서른이 된 기대승이라는 어린 관료와의 사단칠정논쟁 때문이었다. 당시 퇴계는 58세로 잠시 조정에서 성균관 대사성을 역임할 때였다. 지금으로 따지면 국립서울대 총장이고, 기대승은 이제 막 급제한 신입 공무원이었다. 나이도 26세나 차이가 났는데, 이런 어린 관료와 8년 동안 철학적 논쟁을 하며, 기대승의 반박에 하나하나 답변을 해주며 이후 무려 12년에 걸친 왕복서신을 남기게 된다.

어린 신참관료와의 진지한 논변論辯. 그냥 무시하거나 혼내주면 되는데, 이렇게 건전한 토론을 하는 퇴계에게 당시 유생들은 매료되었다. 스승의 그림자도 밟으면 안 되던 조선시대에 대학자와 신진관료의 철학적 논쟁을 보면서 유생들은 퇴계를 마음으로부터 흠모하게 되었다. 26)

퇴계는 평소 입버릇처럼 외던 말이 있었다. 그것은 "내게는 나의 길, 즉 오사(吾事)가 있다."는 것이었다. "내 소원은 착한 사람 많아져서, 천하의 기강을 바로잡는 일이다."27)라고 밝혔으며, 고향 안동으로 내려가 후학을 양성하고 남은 학문을 정립하는 일이 자신의 가장 큰 소망이었다.

3. 깨달음, 허령지각

퇴계는 허령지각虛靈知覺을 깨달았다. 허령지각은 "텅 비어 있으나 또렷한 의식"이라는 뜻인데, 공적영지空寂靈知와 같은 의미이다. 그는 한밤중에 연구에 몰두하다가 우주의 이치를 깨치고서 이렇게 말했다. "우주의 묘법을 발견한 듯하여, 내 마음 꽉 잡고 태허를 보았노라!" 퇴계가 발견한 심층의식의 원리, 즉 이理란 우주의 이치이며, 하늘의 원리였다. 이理는 춘하추동, 사시사철 어김없이 돌아가는 자연의 이치인 것이다. 그것은 또한 사람이 본받아야 할 하늘의 원리, 즉 인의예지仁義禮智였다. 마음의 텅 빈 근원적 자리, 즉 늘 고요하고 깨어 있는 불변의 실체인 심층마음을 발견했던 것이다.

퇴계는 심층마음을 발견했다. 나, 너, 그로 갈라진 표층마음에서 그리고 만상 만물로 다양한 모습을 드러낸 현상 세계에서 심층마음속으로 깊이 침잠하여 들어가 생각, 감정, 오감이 발현되기 이전의 세계, 그곳에서 천리天理를 발견했다. 그곳은 상相으로서 모습을 드러내기 이전 세상의 근원의식으로서의 성性이었다. 그것은 "지극히 영묘하고 지극히 선한 것"으로서, 텅 비어 있되 밝게 깨어 있는 마음이었다.

4. 퇴계의 공부법, 경(敬)

퇴계의 공부법은 '경敬' 한 글자로 요약할 수 있다. 그것은 꾸준히 "마음의 근원인 성性을 보살피고(養性), 그 정情을 절제(約制)해 나가는 것"이었다. 우주의 본성性은 고요하며, 따라서 심층마음의 근원은 본래 고요하다. 하지만 여기에 사물과 대상, 주관과 객관이라는 이분법적 자극이 오면, 바다는 다양한 파도와 거품을 만들어낸다.[28]

내 마음이 내 몸을 주관하는 주인이자 모든 행위와 일의 궁극적 책임자이다. 또한 우주의 가장 뛰어난 기氣로 만들어진 심心은 허령지각虛靈知覺의 특성을 갖는다. 텅 비어 고요하나 신령스럽게 알아차리는 통찰력을 가지고 있다는 것이다.

퇴계는 『성학십도聖學十圖』에서 어떻게 '경'을 실천할 것인지 구체적인 실천방법을 제시했다. 한마디로, 아침부터 저녁까지 늘 깨어 있음을 경계하는 내용으로 경敬을 중심에 놓고 생활(일하고 공부)하라는 것이었다.

새벽에 일찍 일어나 세수하고 의복을 단정하게 갖추고 앉아서 책을 읽는다. 사람들과 묻고 답하면서 자신의 잘못을 고치고, 일이 생기면 처리한 다음 다시 마음을 가라 앉혀 학문에 집중한다.

간혹 휴식을 취하며 다시 정신을 맑게 하고, 밤이 되면 몸이 피곤해 기운이 쇠약해지므로 더욱 정신을 가다듬어야 한다. 밤에 잘 때는 아무 생각도 하지 말고 깊이 잠들어 맑은 원기가 다시 몸속에 들어오도록 해야 한다고 말했다.[29) 이를 일곱 단계로 구분하여 다음과 같이 설명했다.

1) 첫 번째는 '숙오夙寤'다. 아침에 일찍 깨어난다. 닭이 울어서 잠에서 깨어나면 생각이 차츰 일어나게 되니, 그 사이에 조용히 마음을 정돈해야 한다. 하루의 시작이기 때문이다. 마음을 가만히 정돈하고 지난날의 잘못도 보고, 아니면 앞으로 지금 오늘 할 일을 쭉 한 번 생각하면서 새로 깨달은 것을 모아서 정리하는 시간을 갖는다. 이처럼 마음을 고요히 하는 시간을 갖는다. 이는 새벽 명상을 말하고 있다.

2) 두 번째는 '신흥晨興'이다. 이제 잠자리에서 일어나는 단계다. 근본이 확립되었으면 새벽에 일찍 일어나서 세수하고 머리 빗고 옷을 갖추어 입고 단정하게 앉아 몸을 가다듬는다. 마음을 모으되, 밝게 떠오르는 햇살처럼 해야 한다. 몸을 엄숙하고 가지런하게 정돈하며 마음을 텅 빈 듯하되 밝고 고요하게 해야 한다. 이는 고요하고 단아한 자세와 텅 빈 각성과 허령불매의 마음으로 하루 출발을 말하고 있다.

3) 세 번째는 '독서讀書'다. 글을 읽는다. 그런데 퇴계 선생은 독서할 때 특별하다. 가령, 책을 읽으면서 성현을 대하니까 어느 순

간 내 앞에 공자가 있는 것 같고, 안회와 증자가 앞뒤에 있는 것처럼 책을 읽는 대상들을 앞에서 만나게 되는 체험들을 하게 되었다. 이는 얼마나 몰입하고 정독했는지, 그리고 자신에게 집중하면서 성찰했는지를 알 수 있게 해주는 대목이다.

4) 네 번째는 '응사應事'이다. 일을 대하는 자세를 말하는 것이다. 밝은 천명은 빛나는 것이니 항상 눈을 거기에 두어야 한다. 일을 하고 나면 마음을 고요하게 하고 정신을 모아 사사로운 생각을 멈추게 해야 한다. 즉, 일을 하면서도 명상을 하라고 말하고 있다. 일을 하다 보면 정신이 없을 수 있다. 멍 때리고 혼침昏沈에 빠질 수 있고, 사사로운 생각이 많아지는 산란散亂에 들 수 있다. 생각이 많아지는 것과 멍하여 졸린 것은 둘 다 깨어 있는 참된 나를 잃어버린 상태이다. 그러니까 다시 정신을 차리고 텅 비어 있되 고요하게 깨어 있어야 한다.

5) 다섯째, '일건日乾'이다. 부지런히 일을 하는 것이다. 글을 읽다가 틈이 나면 간혹 휴식을 하고 또 정신도 가다듬는 이런 노력도 같이 하는 것을 말한다. 이제 저녁이 된다.

6) 여섯째, '석척夕惕'이다. 날이 저물면 사람이 피곤해지게 된다. 그러면 나쁜 기운이 들어오기 쉽다. 그러니까 더더욱 몸과 마음을 잘 가다듬어 정신을 맑게 이끌어야 한다. 밤이 깊어 잠을 잘 때는

손발을 가지런하게 모아 아무런 생각을 하지 말고 마음과 정신을
잠들게 해야 한다.

7) 일곱째, '겸숙야兼夙夜'이다. 하루 전체를 어떻게 보냈는가를
조용히 돌아보는 단계이다. 밤의 기운으로 몸과 마음을 잘 다스리
면 정精이 다시 원元으로 돌아오니, 이것을 잊지 말고 마음에 두어
밤낮으로 부지런히 힘써야 한다. 즉, 하루 종일 늘 깨어 있는 삶을
말하고 있다.

퇴계 이황(退溪 李滉)

1501년(연산군 7) ~ 1570년(선조 3)

퇴계는 조선 중기의 문신이자 학자로 학문하는 목적을 입신양명에서 성현군자(聖賢君子)가 되는 데 두었다. 유학강령대로 수기치인(修己治人 : 자기 인격을 완성하고 남을 교화함)에 치중하여 위기지학(爲己之學)과 군자유(齋子儒)를 공부하였다. 그는 공자 이래 성현 군자의 모든 가르침을 실험 실천하여 생활하기에 힘썼을 뿐 아니라 불가와 도가의 공부도 몸소 경험해서 허령지각(虛靈知覺)의 경지를 터득했다. 이(理)와 경(敬)을 중시하여 알면 행하고(知行合一), 자연법칙과 인간, 생활이 조화를 이뤄야 한다는 사상은 그의 유학의 특징이라 할 수 있다. 퇴계의 학문은 성현의 가르침을 실천해보고 얻은 결론으로 논리를 세웠고, 도덕과 정의를 바로 세우는 일(吾事)을 평생 사업으로 삼았다.

퇴계의 공부법은 경敬 한 글자로 요약할 수 있다. 그것은 꾸준히 "마음의 근원인 성性을 보살피고(養性), 그 정情을 절제(約制)해 나가는 것"이었다. 우주의 본성性은 고요하며, 따라서 심층마음의 근원은 본래 고요하다. 하지만 여기에 사물과 대상, 주관과 객관이라는 이분법적 자극이 오면, 바다는 다양한 파도와 거품을 만들어낸다. 내 마음이 내 몸을 주관하는 주인이자 모든 행위와 일의 궁극적 책임자이다. 또한 우주의 가장 뛰어난 기氣로 만들어진 심心은 허령지각虛靈知覺의 특성을 갖는다. 텅 비어 고요하나 신령스럽게 알아차리는 통찰력을 가지고 있다는 것이다. 이러한 마음의 본체를 깨치는 방법으로 퇴계는 "주시注視와 집중集中의 힘"을 강조했다. 이처럼 퇴계의 마음 깨치는 방법론은 '경'(敬)이라는 한 글자로 요약할 수 있다. 그리고 '경'(敬) 공부의 핵심은 '주일무적'(主一無適)에 있다고 보았다. '경'(敬)과 '주일무적'(主一無適)의 실천방법은 그의 저술 『성학십도』에서 제시하고 있다.

제 8 장
성공한 사람들의 깨달음

제1절 성공한 사람들은 심층원리를 알고 있다

세상에는 자기 일을 끝까지 성취한 사람과 중간에 포기한 사람이 있다. 성공한 사람들은 심층에서 이루어지는 원리를 알고 있다. 그 원리는 [끌어당김의 법칙, 진동의 법칙, 알아차림의 법칙]으로 이루어져 있다. 그들은 심층원리를 깊이 깨닫고 있기 때문에 인생에서 성공하는 비밀을 100% 알고 있다.

그렇다면 우린 어떻게 해야 할까? 그 원리들 중에 우리가 꼭 알아야 할 것은 무엇일까?

1) 시각화의 힘은 놀랍다. 자신의 꿈과 목표를 시각화하라. 자신이 상상하는 바를 입체적 패턴으로 심상화Visualization하고, 이를 믿고 신뢰

하라.

2) 더 높은 법칙은 진동의 법칙이다. 사람은 생각하는 대로 된다. 존재 상태가 변하면 꿈은 이루어진다.

3) 가장 높은 법칙은 알아차림의 법칙이다. 그대를 둘러싼 주변의 장場이 알아차림으로 깨어 있음을 인지하라. 더 나아가 보면 법계 전체가 알아차림으로 깨어 있다.

4) 그 전체의 알아차림이 바로 당신이다.

그러니 이것만은 기억하자. ① 자신이 신성한 존재임을 알고 ② 자신의 무의식에 끌려가지 말고 의식의 주체로 살아야 한다. 그러려면, 신성을 자각하여 자신의 삶에 다시 접속해서 무의식에 끌려가던 습관들을 떨쳐내야 한다. 그리고 의식적으로 자신이 주인이 되는 주체적 삶을 살아야 한다.

첫째, 나의 깊은 마음, 심층의식에 어떤 생각을 각인시킬 것인가? 아침에 일어나서 몸무의식에 끌려가지 않으려면 어떻게 나의 적극적인 의식을 일깨울 것인가? 몸의 습관에 빠져들기 전 5분만 의식적으로 생각하자. 그 의식적이고 적극적인 생각을 담은 그날의 계획 1~3개를 핸드폰에 저장해 두고 수시로 확인해서 놓치지 말라.

둘째, 내 주변의 공간場이 깨어 있다는데, 나는 그것을 인지하고 있는가? 지금 나를 둘러 싼 공간이 깨어 있고 신성한 알아차림으로 가득차 있음을 실감해 보라. 그리고 그 심층의식의 알아차림이 나의 확장된 모습, 참된 본성임을 인지하자.

셋째, 내 몸과 마음을 깨어 있는 의식으로 관찰하는 습관을 갖자. 내 몸의 세포들의 흐름, 감정 분자들의 흐름은 어떤가? 한 호흡 사이에 수백만 개의 원자들이 들어오고 나간다. 지금 내게 본능적으로 끌리는 원자들은 어떤 것인가? 내가 충족시켜줄 감정의 원자들은 어떤 것인가? 옥텟 규칙은 내 원자 최외곽 동선에 8개의 전자가 배치될 때 가장 안정된 상태를 보인다.[30] 내게 지금 본능적으로 필요한 전자들은 무엇인가? 그 세포 수준의 전자들에게까지 관심을 줄 수 있을 정도로 깨어 있도록 하자. 내가 진짜 좋아하는 것은 무엇일까? 내게 정말 흥미를 끄는 것은 무엇일까? 어떤 일을 할 때 나는 가장 집중되고 기쁨을 느끼는가? 그리고 긴 호흡으로 한번 바라보자. 먼 미래에 되고 싶은 나의 바람직한 모습은 무엇인가? 장차 되고 싶은 나의 가장 아름다운 모습은 무엇인가? 그 희망찬 미래를 위해 지금 내가 해야 할 일은 무엇인가?

성공은 자기 확신에서 나온다. 성공과 실패의 차이는 딱 하나다. 성공한 자는 자신을 믿었고 실패한 자는 믿지 못했다. 성공한 사람은 자신을 믿고 잠재력을 계발했고, 실패한 사람은 중간에 그만 두었거나 아예 시작하지 않았다. 마음을 굳게 먹고 확신을 세워라!

성공은 자기 확신에서 나온다. 성공과 실패의 차이는 딱 하나다. 성공한 자는 자신을 믿었고 실패한 자는 믿지 못했다. 성공한 사람은 자신을 믿고 추진동력을 확보했고, 실패한 사람은 중간에 그만두었거나 아예 시작하지 않았다. 마음을 굳게 먹고 확신을 세워라! 그리고 영적 각성을 통해 자신을 발견하라!

그대는 어떤 사람이 되겠는가? 1) 꿈이 있는가? 2) 꿈은 가슴을 설레게 하는가? 3) 지금 하는 일이 그 꿈과 연결되어 있는가?

우리는 인생이라는 강을 건넘에 있어 적어도 두 단계를 거치게 되어 있는데, 1) 서사적 나, 2) 근원적 나이다.[31]

서사적 나란 "나의 고유 정체성"을 찾는 것이다. 나의 삶 전체를 조망하면서 일어난 큰 사건들을 하나의 이야기로 엮어 보는 것이다. 생각, 감정, 느낌들을 떠올리면서 선악, 흑백 논리로 나를 판단하지 말고, 그때 내가 그렇게 대응할 수밖에 없었던 이유에 대해 나를 감싸주기도 하면서 나의 전체적 서사를 돌아보는 것이다.

이를 심리학에서 "서사적 나"라고 한다. 이러한 자신만의 스토리가 복원되는 과정에서 우리는 자존감을 회복할 수 있다.[32]

자신만의 독창적인 자아를 찾았다면 여기서 한 단계 더 나아가야 한다. 서사적 나의 단계에서 근원적 나의 단계로 나아가는 것이다. 자신만의 자아 정체성을 지켜보는 전체적인 장으로서의 "알아차림"이 있다. 이것이 나의 개체를 넘어선 전체의식이며, 근원의 나이다. 법계 전체의 "알아차림"이며, 근원적 자아이다.

나의 무의식(잠재의식) 너머에 나를 지켜보는 근원의 나, 심층 순수의식이 있다. 그것은 근원의식이며 심층의식이다. 그 "의식"은 우주의 불성과 분리될 수 없는 하나이며, 1) True & Inner Consciousness(참

<그림 2-1> 서사적 나, 근원적 나

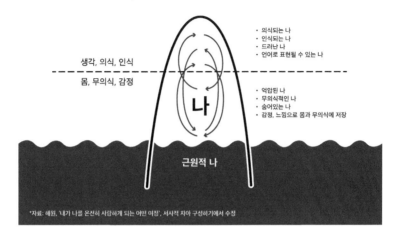

*자료: 해원, '내가 나를 온전히 사랑하게 되는 어떤 여정', 서사적 자아 구성하기에서 수정

된 내적 의식)이며, 2) Limitless & Infinite Consciousness(제한 없고 무한한 의식)이며, 3) Vast & Pervasive Consciousness(광대무변하고 우주 어느 곳에도 스며들어 아니 계신 곳이 없는 의식)으로 정리할 수 있다.

그 참된 성품으로서의 "의식"은 1) 언제나 깨어 있고 알아차리며, 2) 유일한 실재이며, 3) 지극한 기쁨이다.

제3절 위대한 깨어남

모든 것을 알고 늘 깨어 있는 마음은 하늘처럼 투명하게 비어 있다. 이 근원적인 직관, 지혜의 투명성 속에 만물이 깃들어 있다. 마음은 투명한 지성으로 스스로 깨닫는다. [33)]

우리는 거대한 우주의 표층에서 살고 있다. 하지만 심층은 언제나 밝게 깨어 있다. 심층의 세상은 생명력으로 가득차 출렁인다. 나뭇잎 흔들리는 모습, 새들 지저귀는 소리, 윙윙거리는 꿀벌의 날개짓, 하늘거리는 풀잎 속에서 모두 존재의 거대한 생명력으로 파동친다.

모든 것을 알고 늘 깨어 있는 마음은 높은 단계의 알아차림이다. 알아차림은 몸과 마음이 아니며 생각도, 영혼도 아니다. 알아차림은 불멸의 의식이다. 이 모든 것의 바탕, 배경, 근원이다.

나는 알아차림 그 자체이며, 전체를 알아차리는 필드場 그 자체이다. 이러한 필드場, 심층의식의 근원을 찾아가는 과정에서 우리는 하나의 질문을 던진다. "나는 누구인가?" 진정한 자아에 관한 질문이 그것이다. 이것은 모든 문제가 풀리는 궁극의 질문이다. 이것은 "위대한 깨어남"으로 들어가는 관문이며, 이보다 더 본질적이거나 상위 차원은 없다.

론다 번 혹은 라마나 마하리쉬는 진정한 자아, 참다운 자아, 참나를 찾으라고 한다. 참나는 지금 이 순간도 실재하며, 그것만이 실재하며, 온 우주를 살리고 있다. 이 전부를 알아차리고 있다. 비가 오면 비가 오는 대로, 폭풍이 불면 폭풍이 부는 대로, 일렁이는 나뭇잎 속에 혹은 그 빗방울 속에 존재하고 있다. 때론 찬란한 슬픔으로, 기쁨과 아픔으로 존재하고 있다. 위대한 깨어남은 이 모든 것을 알아차린다.

성공한 사람들의 공통분모는 무엇인가? 이 책에 소개된 13인들은 각기 다른 특색을 지니고 있다. 위대한 학자도 있고, 엄청난 부를 성취한 사람도 있다. 영성의 깨달음에 도달한 사람도 있고, 세계적 문학가나 철학자도 있다. 인문학적으로 이들의 근저를 관통하는 공통요인들은 무엇인가?

1. 힘과 의지를 강조하고 있다. 내면에 흐르는 의식적 마음을 활용하여 무의식의 부정적이고 관성적인 요소들을 타파할 것을 주문하고 있다. 대표적으로 밥 프록터, 조 디스펜자, 브루스 립튼 등이 특별히 강조하고 있다. 니체는 그만의 독특한 언어를 사용하여 관행을 타파하고 관습에 굴복하지 말고 자신만의 고유한 특성을 창조하라고 주문한다. 괴테 역시 향상심이라는 단어로 자신만의 고유한 삶을 창조하라고 말했다.

2. 무의식에 도달하는 방식은 사람마다 약간씩 다르다. 조 디스펜자는 양자장에 들어가는 명상을 통해 생존의식에 해당하는 제1~3 챠크라를 넘어서서 가슴의 제4 챠크라에서 자신이 소망하는 바를 상상하면서 감사, 기쁨, 행복, 환희 등 고양된 감정을 느낌으로써 자기가 원하는 주파수를 끌어당길 수 있다고 말하는 반면 밥 프록터는 한 가지 의식적 마음을 지속적으로 시각화하면 무의식의 패러다임을 창조적으로 변화시키면서 원하는 목표를 달성할 수 있다고 한다.

3. 목표를 강조한다. 목표가 분명한 사람과 분명치 않은 사람은 차이가 크다고 말하고 있다. 나폴레온 힐은 목표가 분명치 않은 사람은 바다 위를 표류하는 배처럼 결코 원하는 목적지에 도달할 수 없다고 말한다.

4. 실행계획보다는 꿈과 희망을 강조한다. 실행계획이나 전략도 물론 중요하다. 하지만 자신이 원하는 목표를 달성했을 때 이루어질 행복감, 꿈과 희망과 같은 고양된 느낌을 더욱 강조한다. 자신의 미래상이 실현가능하면서도 가슴을 설레게 만들 때 실행의지나 계획은 자동적으로 뒤 따르게 되어 있다.

5. 위기를 두려워하지 말라고 말한다. 그들은 한결같이 심각한 위기를 겪었던 사람들이다. 이혼, 파산, 죽음에 대한 공포, 질병, 건강상태 등 강력한 실존적 위기에 봉착했으나 이를 극복했던 사람들이다. 어쩌면 엄청난 위기라는 충격파衝擊波를 미리 주어서 그들의 진동 주파수를 원점에서 재조정하게 하고 무의식을 타파하게 한 후 큰일을 맡기기 위함이었을지도 모른다. 맹자가 『고자장告子章(15장)』에서 말했듯이, "하늘이 장차 어떤 사람에게 큰일을 맡기려고 하면, 반드시 먼저 그 마음과 뜻을 괴롭게 하고, 근육과 뼈를 깎는 고통을 주는" 법이다.

6. 영적으로 깨어 있으라고 말한다. 세상에서 꿈과 목표, 부와 성공을 성취하는 것은 매우 좋은 일이다. 하지만 무엇을 위한 꿈과 목표인지를 한 번 더 성찰할 필요가 있다. 좀 더 큰 관점에서 균형 잡힌 시각으로 자신을 바라보는 것이다. 목표는 성취했지만 아직 내면의 깊은 무의식 속에 채워지지 않은 욕망, 갈증 등이 남아 있을 수 있다. 그건 행복을 방해한다. 그래서 깨어 있으라고 말한다. 진짜 나는 단순히 육체적 몸이 아니라 몸을 둘러싼 배경과 바탕에 존재하는 마음이다. 그 마음의 장場의 바탕 위에서 모든 일들이 드러나고 있다. 그 "의식"은 언제나 깨어 있고 알아차리고 있다. 그 높은 "의식"과 하나가 되어 전체를 깨어 있음으로 보면서 영적 각성의 길을 걸어 나가라. 그것은 인간이 걸어야 할 가장 높은 단계의 길이다.

Key Point

DEEP MIND

심층마음을 통해 높은 파동의 삶에 이르는 법

제 3 부
방법론

우리의 진정한 실체는 몸이 아니다.
몸과 연결된 마음이다.
우리는 무의식에 들어가 양자장과 접속할 수 있으며,
이를 통해 새로운 기회, 파동, 주파수를 창조할 수 있다.

제 9 장
무의식의 변화

제1절 무의식 변화가 핵심이다

우리는 언제나 조금 더 나은 사람이 되고 싶어 한다. 아침에 눈을 떴을 때 내 몸은 가뿐하고 기분은 상쾌했으면 한다. 오늘 내가 해야 할 일이 신나고 가슴 설렜으면 한다. 내가 하는 일에 몰입하고 그 결과는 창조적이었으면 한다.

우리가 더 나은 사람이 되려면 뭔가를 극복해야 한다. 그 뭔가가 의식과 무의식이다. 10%를 차지하는 표층마음과 90%를 차지하는 무의식을 극복해야 한다. 이 둘을 극복하고 타파하려면 다른 차원의 마음을 불러내면 된다. 그것을 몰입 혹은 심층마음이라고 한다. 옛날 어른들은 이를 공적영지 혹은 위대한 깨어남이라고 불렀다.

표층마음은 가만 두면 끊임없이 산만하다. 반대로 무의식은 흐릿하다. 온갖 잡념으로 요동치고 흐릿한 이 의식들의 차원을 벗어나야 한다.

온갖 생각들이 고요해지고 명료하게 깨어있는 곳, 그런 마음의 차원이 있다. 그것이 심층마음이다.

심층마음은 어떤 하나의 대상에 집중할 때 등장한다. 모든 산만한 생각들을 떨쳐내고 오직 한 대상에만 몰입했을 때 우리의 정신은 또렷하게 깨어난다. 지극히 고요해지고 지극히 텅 비며 그 텅 빈 자리에 오직 명료한 자각만이 존재한다. 그건 알아차림이다. 대상에 대한 몰입에서 시작했으나 어느새 내 마음은 텅 빈 공간으로 날아올라 대상과 대상 사이의 바탕에 존재하고 있었던 텅 빈 장場과 하나가 된다.

이런 방법을 알고 몰입의 시간이 길어질수록 의식은 투명해지고 높은 차원으로 상승하게 된다. 현재의식과 무의식에 매몰된 형태의 부정적 관념들로부터 해방되며, 나의 삶에는 창조적 모습들이 펼쳐진다.

무의식 변화가 핵심이다. 모든 명상과 공부의 시작은 이완이다. 몸과 마음이 이완되면서 고요함으로 들어가고 그 고요함 속에서 밝은 알아차림이 등장한다. 즉, 고요함과 이완 속에 우리의 공부는 깊어진다.

키워드는 반복과 습관이다. 의지를 가지고 계속 규칙적으로 두드릴 때 문은 열린다. 모든 확언, 심상화, 기도, 명상의 공통점은 고요함과 이완을 통해 깊숙한 곳, 즉 심층마음으로 들어갈 수 있게 해준다는 것이다. 거기에서 무의식을 전면적으로 변화시킬 수 있으며,[34] 이를 통해 우리는 부와 성공, 높은 파동의 삶을 실현할 수 있다.

　　무의식 변화를 위해서는 심층마음에 접속해야 한다. 심층마음에 접속했다는 것은 표층의 잡다한 생각과 번뇌를 내려놓았다는 의미이므로 심층마음에 접속하는 원리를 익히고 노하우를 알면 무의식의 변화는 쉽게 이루어진다. 브루스 립튼이 얘기하듯이 사람들은 만 7세까지 이루어진 무의식의 패러다임으로 95% 습관화된 행동을 한다. 그걸 직시하고 자신이 원하는 새로운 패러다임으로 바꾸는 것이 우리의 목표다. 그 방법은 다음과 같다.

Step 1: 차단과 집중

　　심층마음에 들어가는 제1단계 방법은 차단과 집중이다. Block out 遮斷+ Deep change變革이다. 외부 소음을 차단하고 내면에 집중하는 것이다. 보조국사 지눌은 "오직 모른다고 해라", "판단 중지면但知不會 바로 불성을 볼 것이다是卽見性"라고 했다.

　　어떻게 차단하는가? "몰라!" 하고 일단 내려놓는 것이다. "몰라, 괜찮아!" 하고 내려놓으면,35) 우리의 생각은 리셋이 되면서 제로 포인트 필드Zero Point Field, 零點場로 들어간다. 이것은 텅 빈 알아차림의 장場이며, 우린 이곳에서 치유와 위안을 얻는다.

침묵 속에서 시간을 보냄으로써 머릿속 잡념을 비우고 우리의 몸을 고요한 평화로 이완시킬 때 우린 텅 빈 알아차림의 장場으로 들어갈 수 있다.[36] 몸과 마음으로 온전한 침묵을 경험할 때 우린 그 고요한 장場으로 들어갈 수 있다. 모든 것이 비워진 고요한 그곳에서 우리는 단지 자각으로 존재하면 우리의 마음은 높고 청정한 상태가 된다.

전체 허공에 펼쳐진 텅 빈 마음을 자각하라. "전체를 확장 마음으로 바라보며 깨어 있음." 이것이 첫 단추이다. 마음의 초점을 몸에서 드넓은 공간으로 확장시키면서 전체를 통으로 인식하는 것이다.

"전체를 통으로 인식하라." 거긴 어떤 것이 없다. 아무 것도 없고, 아무 사람도, 몸도, 사물도, 시간도, 장소도 없는 미정의 상태, 그러면서 일미평등하게 전체를 비추기만 하고 있는 순수한 마음의 빛場, Field이다.

루퍼트 스파이라는 이렇게 표현했다. "어떤 특정한 대상을 더 좁게 인식하거나 주목하지 말라. 다만 전체 풍경이 드러나게 하라."[37] 그 전체 풍광은 살아 있고 알아차린다. 이것이 존재存在를 자각하는 마음이며, 전체全體로 확장된 마음이다.

Step 2: 이완과 몰입

심층마음에 들어가는 제2단계 방법은 이완과 몰입이다. 사실 이 1~2 단계는 상호 연결되어 있다. 차단이 잘 되면 집중과 몰입이 잘 되고, 이완을 통해 차단과 집중이 잘 이루어지기도 한다. 생각을 내려놓

는 핵심 노하우는 이완이다. 이완을 하면 생각은 저절로 내려놓아진
다. 이완의 방법은 다음과 같다.

- 자연 속에서 산책하기
- 목욕을 통해 이완하기
- 집중을 통해 몰입하기

시간이 날 때 혹은 규칙적으로 자연 속을 걸어라. 꼭 거창한 자연
이 아니더라도 시골길, 하천, 산책로 등을 걸어도 좋다. 퇴근 후에 따
뜻한 욕조에 몸을 담그고 음악을 들어도 좋으리라. 좋아하는 책을 읽
거나 일에 집중하여 몰입하는 것도 이완의 방법이다. 이럴 때 우리의
뇌파는 알파파나 세타파로 내려가며, 번거로운 표층의식의 낮은 생각
이나 번뇌들은 사라진다. 일상의 세속적인 자아가 사라지면 근원의 자
아가 나타나게 되어 있다. 이를 지눌스님은 공적영지의 마음이라고 했
다. 고요하고 텅 빈, 그러나 신령스럽게 알아차리는 마음이다. 곧 심층
마음이다.

몰입은 어떤 하나의 대상에 집중할 때 등장한다. 모든 산만한 생각
들을 떨쳐내고 오직 한 대상에만 몰입했을 때 우리의 정신은 또렷하게
깨어난다. 지극히 고요해지고 지극히 텅 비며 그 텅 빈 자리에 오직
명료한 자각만이 존재한다. 이런 방법을 알고 몰입의 시간이 길어질수
록 의식은 투명해지고 높은 차원으로 상승하게 된다.

몰입을 통해 현실에서 구체적인 성과로 이어지는 방법의 단계별

노하우는 다음과 같다.

- 자신이 갈망하는 분야나 주제를 정하라.
- 그것이 이루어졌을 때의 모습을 생생하게 떠올려라.
- 그 주제에 집중하며 3일 정도는 숙고하라.
- 관련된 자료나 서적 등을 통해 정보를 모아라.
- 매일 30분~1시간 정도 유산소 운동, 걷기, 목욕 등을 통해 생각을 비우라.
- 몸을 이완하되 그 주제에 집중하라.
- 미래에 이루어진 희망찬 모습을 떠올리며 가슴 설레는 마음을 유지하라.
- 이미 모두 이루어졌음을 믿고 감사하라.

몰입은 알아차림으로 이어지는데, 이 둘을 활용하면 우린 더 효과적으로 무의식에 매몰된 형태의 부정적 관념들로부터 해방된다. 그 결과, 나의 삶에는 창조적 모습들이 펼쳐진다.

Step 3: 알아차림

심층마음에 들어가는 제3단계 방법은 알아차림이다. 알아차림에도 단계가 있는데, 자신의 몸이나 주변 환경에서 일어나는 다양한 형태의 감각을 통한 인지작용과 같은 낮은 단계에서부터 알아차림이 깊어지면서 주변의 장場 전체가 깨어 있는 상태로 다가오는 높은 단계의 알아차림이 있다.

론다 번은 알아차림의 과정을 제시했다.[38] 먼저 1단계, "나는 알아차리고 있는가? 라고 자문하라." 스스로 수시로 물어보면서 생각에 빠져 있다가도 이 질문을 통해 알아차림 상태로 빠져 나올 수 있다. 알아차림은 깨어남의 장場을 자각하는 것이다. 그 다음 2단계, "알아차림을 주목하라." 그리고 3단계는 "알아차림에 머물라."이다. 이를 위해서는, 눈동자로 초점을 맞춰 사물을 짚어서 보지 말고, 텅 빈 허공 전체를 넓게 인식하면 된다. 드높은 하늘처럼, 무한한 공간처럼 인식하라는 것이다.

론다 번은 이렇게 말한다.[39]

나는 적극적으로 행동하는 사람이었다. 나는 행동의 여왕이었다... 하지만 내 자신에 대한 믿음을 내려놓고 나 자신인 알아차림[40] 상태로 머물기 위해 [바탕으로 물러나는] 노력을 계속한 덕분에 모든 것이 변했다. 삶은 기적이 되었다.

꼭 기억해 둘 것은, 우리는 훈련을 통해 알아차림이 되는 것은 아니라는 점이다. 알아차림은 되는 것이 아니다. 당신이 알아차림 자체이기 때문이다. 알아차림은 이미 존재하고 있다. 우리의 바탕에, 배경에 이미 존재하고 있다. 그것은 몸과 마음 이전에 있다. 생각, 감정,

느낌 이전에 있다. 시간, 지각, 인과 이전에 있다.[41] 이미 거기 있었다. 그곳에서 모든 것들이 드러나고 있었다.

몸과 마음이 나라는 생각이 가라앉으면, 우리의 의식은 그 바탕 혹은 배경으로 한발 물러나, 이미 거기 존재하는 무한한 알아차림과 하나가 된다. 그럴 때 우리는 안식安息할 수 있고 비로소 '온전한 나로' 돌아간다. 더 이상 내 마음의 내용물들과 나를 동일시하지 않고, 그 근원에 존재하는 필드Field 그 자체와 하나가 되는 것이다. 우리의 의식이 텅 빈 각성이 되어 필드Field 자체와 하나가 되면 우린 고요해지고, 행복해지며, 높은 파동의 삶을 구현할 수 있다. 이를 찾도록 도와주는 명상이 있다. 필드(Field, 場) 명상이다.

Step 4: 필드(Field, 場) 명상

필드(Field, 場) 명상이 있다. 필드(Field, 場), 전체적인 의식의 장場 자체에 초점을 맞추는 명상이다. 그러니까 마음이나 생각의 내용이 아니라, 그 마음이나 생각이 일어나는 필드(Field, 場) 자체에 초점을 두는 것이다. 당신이 초점을 필드(Field, 場)로 바꾸면, 마음이나 생각을 초월하게 된다.[42]

당신은 생각이 오고 가는 것, 좋은 기억 나쁜 기억, 이미지, 환상들을 지켜본다. 만약 당신이 생각의 내용에 초점을 두는 대신 생각이 일어나는 필드에 초점을 두기 시작한다면, 당신은 그 생각과의 동일시를 초월하기 시작한다. 그리하여 보다 상위 차원의 보는 자로 들어간다.

관찰자, 목격자, 감독자가 된다. "내가 마음이다" 대신 "나는 마음의 목격자이다."로 옮겨가기 시작한다. 그리고 마침내는 당신이 필드(Field, 場) 그 자체임을 알게 된다. 43)

사람은 무한한 필드場다. 거기에서 의식이 일어난다. 그리고 필드場에서 일어나는 알아차림 그 자체가 당신이다.

이처럼 명상과 알아차림을 연습하면 이제껏 자아를 규정했던 무의식으로부터 의식을 분리시키는 힘을 키울 수 있다. 몸에 기억된 무의식으로부터 의식을 분리시켜 광대무변한 필드場로 들어갈 수 있다. 그것은 깨어남의 필드場이다. 이러한 자각을 연습한다면 이미 정해진 운명대로 계속 머물렀을 뇌와 몸을 변화시킬 수 있다.

Step 5: 관찰자 의식을 유지하라!

필드Zero Point Field, 깨어남의 장場과 하나가 된 온전한 의식 Wholeness을 관찰자 의식이라고 한다.

그 온전한 의식을 만나기 위해서는 몸이라는 컴퓨터를 꺼야 한다. '나'라는 자아를 구성하는 생각, 감정, 기억들은 온전한 '나'와 만나는 것을 방해하고 있기 때문이다.

이렇게 한번 질문해 보자.

지금껏 살아오면서 나는 계속 변해왔다. 몸은 계속 변해왔고, 생각과 감정도 계속 변하고 있다.[44] 나의 자아 변화 과정[45]에서 나를 나로 인식케 하는 그 근원적 느낌은 무엇이었을까? 내면의 깊은 곳에서 나를 나로 인식시키는 그 근원적인 절대적 느낌은 무엇일까?

컴퓨터 게임에 비유하면, 변하지 않는 나[46]는 이 모든 것을 지켜보는 관찰자이다.[47] 관찰자는 이 모든 상황을 전체적으로 지켜보는 의식[48]이며, 초감각적 자각이다. 그 온전한 '나'는 언제나 나로 존재하는 '절대적인 자각'이다.[49]

관찰자 의식은 장場이다. 그 전체 우주의 장場이 되어 관찰자 의식을 배양하라. 전체 우주가 한 덩어리가 되어 더하고 뺄 것도 없다. 의식은 부분이 아닌 전체다. 그것은 경계가 없고 안과 밖이 없으며 모양이 없다. 이렇게 내가 그 전체 우주의 관찰자 의식이 되어 높은 단계의 알아차림 능력을 배양하라. 그러면 인격은 곧 소멸된다. 몸과 마음도 소멸된다. 우주 전체의 필드Zero Point Field, 깨어남의 장場만 남는다. 그 장은 양자 파동으로 이루어져 있으며 전체의식이다. 그것이 어느 것 하나 뺄 것도 없는 온전한 '나'(Wholeness)이다.

전구 하나의 불이 꺼진다고 하여 우주 전체 네트워크에 변화를 주진 않는다. 그 전체적 장은 살아 있고 변하지 않는다. 그것이 법계 전체의 알아차림Awareness이다. 그것은 깨어난 의식Awakened Consciousness 이다.

Step 6: 존재 상태를 바꾸라!

우리가 무의식을 쉽게 바꾸지 못하는 이유는 무엇일까?

그건 존재 상태를 바꾸지 못해서이다.

존재 상태에는 A라는 영역과 B라는 영역이 있다. A라는 영역에서 B라는 영역으로 존재 상태를 바꿔야 한다. A라는 몸에서 빠져나와 의식의 공간으로 옮겨야 한다. 물질세계에서 양자공간으로 의식의 중심을 옮겨야 한다. 존재 상태는 생각과 감정 두 가지로부터 온다. 생각하는 상태, 느끼는 상태, 이 두 가지가 당신의 지금 존재 상태이다. 당신은 지금 몸의 관행이나 낮은 생각에 빠지지 않고 어떤 창조적인 생각이나 의식적인 마음으로 고동치고 있는가? 당신은 지금 기쁨 감탄 감사 환희와 같은 고양된 느낌으로 고동치고 있는가?

양자물리학자들이 전자는 "관찰"할 때 입자로 나타난 것을 발견한 것처럼, 여러분은 어떤 "관찰" 행위를 할 때 어떤 현상이 나타난다. 여러분의 생각은 창조적 능력이 있다. 어떤 의식적인 생각이나 마음이 창조로 이끈다. 높은 에너지로 여러분을 이끌지 못한다면 학자들은 말한다. "여러분 삶의 95%는 그냥 관행적 혹은 몸의 무의식에 지배당한다"고.[50] 의식적인 마음이 여러분을 이끌지 못한다면 몸의 관행적 습관이나 반응이 일종의 "관찰" 신호가 되어 그것을 여러분의 현실에 나타나게 한다.

그럼 어떻게 하면 될까? 어떻게 하면 나의 존재 상태를 바꿀 수 있을까?

Step 7: 높은 의식의 각성 상태를 유지하라!

아침에 일어나면 바로 몸의 세계로 첨벙 뛰어들지 말라. 몸의 감각을 알아차리되 무의식의 습관에 빨려 들어가지 말라. 깨어 있는 의식으로 몸의 감각을 관찰하라. 무의식의 흐름을 예리하게 알아차리라.

몸의 세계로 첨벙 뛰어들지 말고 높은 의식에 중심을 두고 깨어 있으라는 것이 몸과 무의식을 무시해도 좋다는 뜻은 아니다. 높은 의식에 들어가는 방법도 둘로 갈라지는데, 결국 나중엔 하나로 만난다. 1) 몸을 벗어나는 방식: 높고 넓은 공간에 의식을 두고 몸을 벗어나는 방식, 2) 몸으로 더 들어가는 방식: 몸을 이완시키고 몸 내면으로 더 깊이 들어가 높은 의식을 만나는 방식이다.[51] 몸을 벗어나 청정한 공간에 의식을 두든, 몸으로 더 들어가 청정한 의식과 하나가 되든 결국엔 하나로 만난다. 그건 높은 차원의 의식이다.

우리를 평소 움직이는 습관의 95%는 무의식에서 온다.[52] 명상을 통해, 산책을 통해, 목욕을 통해 몸을 이완하고 내면으로 깊이 들어가 높은 의식의 공간으로 들어가라. 그곳에서 높은 파동의 각성 상태를 유지하라.

내 안에 존재하는 참된 성품으로서의 의식은 1) 언제나 알아차리며, 2) 유일한 실재이며, 3) 지극한 기쁨이다.

조 디스펜자는 이렇게 말한다.

양자 에너지 장은 단순히 사람들의 소망이나 감정적인 요구에 반응하지 않는다. 양자장場은 오로지 생각과 감정이 일관성을 띨 때, 다시 말해 내면 깊이 들어가 생각이 무의식과 하나가 될 때 반응한다. 양자장은 높은 의식의 각성 상태에 반응하는 것이다.

우리의 목표는 낮은 차원에서 높은 차원으로 존재 상태를 상승시키는 것이며, 몸 차원의 무의식잠재의식 프로그램에서 빠져나와 의식 차원의 높은 자각 상태로 변경시키는 것이다. 이것은 한마디로 말해 우리의 인생 자체를 개조하는 것이다.

두 개의 다른 세계가 있다. 세계 A는 몸을 중심으로 펼쳐지는 세상이다. 몸보다 더 큰 의식이 있다는 것을 잘 느끼지 못하며 몸에 묶여서 산다. 문제는 몸 안에 저장된 과거의 기억이나 정보가 부정적인 게 더 많다는 점이다.

따라서 몸이 요구하는 대로 살게 되면 나이가 들어갈수록 고집이 세지며 점점 더 불행해질 수 있다. 소망, 열망 등 창조적 발상에 따른 주도적 삶을 상실하게 된다.

세계 B는 의식을 중심으로 펼쳐지는 세상이다. 완전히 다른 세계이다. 우주만큼 넓은 의식이 나의 주인이다. 몸은 허공에 매달린 작은 부속물 정도로 느껴진다. 몸에서 일어나는 일은 관찰하되 나의 주체는 우주처럼 광대무변한 의식이다.

우리가 처한 외적 현실이 내면의 반영이라는 것은 널리 알려진 사실이다. 의식 중심의 세계관 B가 풍요에 기초한 사랑과 평화의 세계관이라면, 몸 중심의 세계관 A는 결핍에 기초한 불안과 두려움의 세계관이다.

무의식에 잠재된 우리의 오랜 정체성을 파고 들어가 보면 과연 우리는 몸 중심의 각박한 믿음에 기초하고 있는지, 의식 중심의 풍요로운 사고를 하고 있는지를 알 수 있다.

거대하고 청정하며 광대무변한 높은 의식이 나의 주인이 되면 사고가 명료해지고 의식이 확장되며, 새로운 창조와 기회, 소망과 열망에 기초한 높은 파동의 삶을 주체적으로 살아가게 된다.

그대는 어떤 세계관을 가질 것인가?

성장 아니면 쇠퇴

밥 프록터는 말한다. "누구나 크고 원대한 것을 원합니다. 그것을 부인하지 말아야 합니다."[53)

몸 패러다임으로 사는 사람은 거기에 걸맞은 낮은 진동을 지니고 있다. 의식 패러다임으로 사는 사람은 거기에 걸맞은 높은 진동을 지니고 있다. 그러므로 낮은 진동과 주파수에 사는 사람이 갑자기 부유함을 꿈꾼다고 되는 게 아니다. 끌어당김의 법칙 위에 진동의 법칙이 있는 것이다. 자기가 속한 진동을 파악하고 더 높은 진동을 향해 삶의 패러다임을 바꾸어야 한다. 진동의 차원은 자기가 평소 하고 있는 말과 행동, 생각, 혹은 어울리는 사람들을 보면 나타난다.

진동의 법칙은 두 가지 밖에 없다. 성장 아니면 쇠퇴. 풍요 아니면 빈곤. 쇼펜하우어는 말했다. 인간에게는 두 종류의 삶이 있다. 극복 아니면 굴복.

인간은 누구나 자신을 실현하고 싶어 한다. "더 빠르게, 더 높이, 더 멀리" 자신을 표현하고 싶어 한다. 자신의 내면을 실현하고 싶어 한다.

우리는 누구나 몸에 구속된 삶을 싫어한다. 어제와 똑같은 패턴, 생존 모드, 물질에 매인 삶을 벗어나고 싶어 한다. 그러려면 삶의 패러다임을 바꾸어야 한다. 물질의 장物質界에서 양자 장量子界로, 몸의 의식現象界에서 허공 의식靈界으로 패러다임을 전환해야 한다. 몸에서 나와 드넓은 공간으로 의식이 확장되어야 한다.

어떻게 하면 되는가?

의식을 전체 차원의 높은 단계에 머물게 하자. 몸으로 의식을 떨어뜨리지 말고, 의식의 초점을 넓은 공간에 둠으로써 전체를 크게 인식해 보자. "와칭Watching"의 과학적 효과는 입증되었다.[54] 와칭은 관찰자 효과다. 관찰자가 된다는 것은 마음을 활짝 열어놓는 것이다. 드넓은 공간에 자기의식을 두고 관찰하는 효과는 정신뿐 아니라 몸, 물질도 바꿔놓는다. "전체를 확장 의식으로 바라보며 깨어 있으라." 넓은 공간에 의식을 두고 깨어 있음, 이것이 우리의 존재 상태를 변경[55]시키는 것이다.

위대한 깨어남

우리는 누구든 우주의 시작과 끝, 존재의 목적과 신의 본질을 궁금해 한다. 몸을 가지고 살지만 우리는 심층 차원의 의식과 연결되어 있기 때문이다.[56]

감각적 세계만을 유일한 것으로 믿는 사람에게는 몸과 물질이 전부이겠지만, 인간에게는 의식과 영이라는 고차원적 인식 세계로 나아가는 문이 있다. 그것은 감각적 지각 너머에 있다. 의식이 몸을 벗어나 근원과 하나가 되면 누구나 고차원적 인식 능력을 계발할 수 있다.

심층의식에서 우리는 근원을 만난다. 표층의 삶에서는 개체성의 에고가 작동되지만, 심층의 명상과 몰입 속에서 우리는 전체성의 근원과 합일한다.

우리는 그 근원과 하나가 될 때 비로소 쉴 수 있고 참다운 치유가 일어난다. 우리가 밤에 잠을 잘 때에도 개체성은 사라지며 전체인 근원과 하나가 됨으로써 진정한 휴식을 얻게 된다.

우리가 깊은 명상, 몰입, 사색과 같은 고도의 집중 상태, 혹은 아름다운 음악이나 예술품, 거대한 자연 앞에서 개체성이 사라질 때가 있다. 인문학적으로 표현하면, 상위 차원, 근원과의 합일이고, 양자물리학으로 표현하면, 양자 차원, 근원에 주파수가 동조되는 것이다. 양자장場에 접속되어 근원 의식과 하나 되는 것이다. 양자장場이 알아차림의 장場이 되고 마침내 깨어남의 장場으로 변한다.

우리는 때론 어떤 강한 계기가 있어 자기 성찰로 들어간다. 때론 고통이 심해지면서 "이게 전부는 아닐 텐데" 하는 탐구가 일어날 수도 있다. "세상에 어떤 비밀이 있기에 나는 이렇게 괴로운가"하는 고민을 하면서, "나는 누구인가?"라고 하는 자아 탐구로 들어간다. 몸이 내가 아니라 진정한 나는 그 몸을 바라보는 그 무엇, 말하자면 "알아차림"이 었음을 발견한다. 나를 괴롭히던 그 많은 생각과 감정들이 배경으로 물러나고, 오히려 그 배경에 늘 있었던, 그렇다! 그것은 늘 거기 언제나 존재하고 있었다! "의식", 그 "알아차림"이 전면에 등장한다.

그러다가 생각이 깊어지면서 혹시 이 전체가 깨어 있는 건 아닐까 생각한다. 그동안 몰랐지만, 사실은 이 법계 전체가 알아차리고 있는 건 아닐까 생각해 보는 것이다. "법계 전체의 알아차림." 그리고 그게 사실이었음을 발견한다. 위대한 깨어남이 시작되는 것이다.

불어오는 시원한 바람, 나뭇잎들의 일렁임, 눈부신 햇살, 허공을 울리는 매미 소리, 그러다가 다시 적막과도 같은 절대적 고요함… 이 모두가 깨어 있었다.

제 10 장
과학적 근거

믿을 수 있는가? 우주 어느 곳에나, 그것이 저 먼 미지의 오르트 성운일지라도, 모든 입자들은 쿼크라 불리는 동일한 아원자로 구성되어 있다는 것을. 모든 물리적 현실은 시공간을 가로질러 하나로 연결된 광대한 양자장場 안에 존재하는 의식과 파동의 반영이다.

제1절 뇌 과학

우리가 명상이나 몰입 상태에 들어가면 뇌파는 느려지고 파장 Wave length은 길어진다.

일관되고 고양된 파동

우리의 마음이 높은 차원의 의식, 드넓은 전체의식, 순수하고 창조적인 공간에 머물 때, 두뇌에는 어떤 변화가 발생할까?

우리가 명상이나 몰입 상태에 들어가면 뇌파는 느려지고 파장Wave length은 길어진다. 그러다가 우리 마음이 깨어나고 의식의 각성도가 증가하면 파동은 일관되고 동조된 패턴Coherent & Consistent Pattern을 보이면서 파동Wave frequency 역시 고양된다. 이에 따라, 우리의 몸과 마음은 평정 상태에 들어가며 안정된다.

일상에서의 의식 상태를 나타내는 β베타파에서 α알파파나 θ세타파로 깊숙이 내려가면, 우리의 뇌는 잠재의식으로 내려가며 생명을 주관하는 자율신경계와 접속한다. 자율신경계는 호흡, 소화, 심장 박동, 혈액 순환 등 우리 생명의 총체를 담당하므로 이런 상태에서는 우리 몸과 마음에 매우 중요한 치유治癒가 일어난다.

마음이 깨어나면 고요하고 텅 빈 상태로 들어가며, 의식은 높은 차원의 장場 속에 진입하게 된다. 아무 몸, 사람, 사건, 시간, 장소도 아닌 그 텅 빈 미지의 공간에서 우리는 충분히 휴식할 수 있다. 뿐만 아니라 새로운 아이디어, 직관, 반짝이는 지혜, 새로운 인연을 형성해 나갈 수 있다. 보다 의미 있는 창조적 미래를 열 수 있는 것이다.

두뇌 상위 차원의 알아차림

무한한 앎으로 뇌를 활성화할수록 뇌하수체가 열리고 의식의 각성도가 고조된다. 그리하여 대뇌 신피질이 깨어날 때 의식의 파동은 일관성과 동조성 높은 고주파로 각성되며, 이때 전두엽도 활성화된다.

이처럼 상위 차원의 알아차림 기능이 강하게 형성되면, 하위 차원의 부정적 생각들은 일어나지 않거나 사전에 차단된다. 알아차림은 쓸데없는 번뇌를 방지하는 기능을 하는 것이다.[57)

그러다가 궁극적으로 의식이 깨어나면 부정적 생각이고 긍정적 생각이고 간에 그것들을 목격하고 관찰하는 수준을 넘어서 우리는 깨어남의 장場, 필드Field 그 자체가 된다. 알아차림 자체가 되는 것이다.

람타는 『화이트 북』에서 의식의 완전한 깨어남을 '제7비밀의 문, 뇌하수체의 열림'으로 표현했다.[58) 우리가 물질의식인 몸 의식에서 벗어나 양자의식인 영 의식으로 차원 상승할 때 우리의 의식은 높은 차원으로 깨어난다.

전체적인 장場으로서의 의식, 알아차림 그 자체가 되는 것, 그걸 다른 말로 공적영지의 마음이라고 부른다.

전두엽의 활성화

우리 의식이 깨어날 때 두뇌도 깨어난다. 특히 전두엽Frontal lobe 영

역이 활성화된다.[59]

전두엽은 창조적 이성과 설계의 주관자로서 우리 뇌의 상위 차원 감독자, 관찰자 역할을 한다. 우리 의식이 깨어날 때 전두엽도 깨어나며, 우리 뇌의 긍정성·창조성·적극성은 고조되는 것이다.

문제는 우리의 중뇌mid-brain이다. 중뇌도 높은 차원에서는 영적이며, 영적 세계의 파장인 적외선에 가장 민감한 부위로 알려져 있지만, 낮은 차원에서는 과거에 대한 집착, 우울과 미래에 대한 걱정, 불안과 깊게 연계되어 있다. 그래서 이 뇌를 근심, 걱정에 날뛰는 원숭이 뇌 monkey brain라고 한다.

가령, 우울증이나 강박증이 심한 사람들은 상위 차원에서의 전두엽 기능이 약해지고, 하위 차원에서의 중뇌 기능 중 집착, 불안이 활성화되어, 소위 말하는 의식의 하강나선下降螺線이 강하게 형성된 경우이다.

하지만 우리 의식이 깨어나서 뇌 상위 차원의 전두엽 기능이 활성화되면 자연적으로 하위 차원인 중뇌의 부정적 기능은 약화된다. 그러면 우리 뇌가 다시 긍정적·창조적·적극적으로 상승나선上昇螺線을 그리며 쾌활하고 행복한 삶을 창조하는 것이다.

전두엽의 창조적 이성을 상위 차원(높은 차원)의 평면Plain이라고 한다면, 중뇌의 감정적 기능을 하위 차원(낮은 차원)의 평면Plain이라고 부를 수 있다.

전두엽의 이성 모드가 잘 작동되어 감독자, 관찰자 기능이 활성화된다면, 중뇌의 부정적 감정 모드를 충분히 제어·통제하고, 자신의 삶을 긍정적·적극적 방향에서 활력 있게 꾸려나갈 수 있게 된다.

두뇌의 최적화

우리의 뇌는 가장 자연스런 상태에서 최적화된다. Just Being Produced, just being played! 그냥 당연한 상태, 그냥 대수롭지 않은 상태에서, 우리의 일은 가장 효율적으로 실현된다. 전문가들은 이러한 뇌의 상태를 제로 포인트 필드Zero point field, 거울 의식Mirror consciousness이라고 부른다. 이런 상태에서 우리 뇌는 전두엽에 담은 생각을, 그것이 무엇이든, 실현시킨다.

그냥 자연스럽게 즐기고 놀아라! 호모 루덴스Homo Rudens!는 이것을 가리키는 말이다. 그냥 천진난만한 아기와 같은 마음이 되어 즐겨라! 니체도 아기와 같은 삶이 최상이라고 했다. 하루하루 힘들게 일해야 하는 낙타의 삶, 자기 힘으로 싸워서 쟁취하는 사자의 삶보다 그냥 내가 원하면 당연히 주어지는 걸로 받아들이는 아기의 마음이 최고라는 것이다. 그래서 아기들은 번뇌가 없다. 에너지 소모 없이 그냥 하는 것이다.

아무런 꾸밈이나 긴장이 없을 때, 필드 그 자체의 의식이 될 때, 그냥 의식의 장場이 될 때, 우리는 가장 자발적이고 열린 의식 상태가 된다. 이를 뇌 과학자들은 창조의식 모드라고 부른다. 그때 우리의 창조적 이성을 담당하는 전두엽Frontal lobe에서 꿈꾸는 생각은 100% 실현된다.

1차 의식과 고차 의식

우리가 몸이 나라는 착각60)에서 벗어나면 우리의 의식은 우주 전체와 하나가 된다. 다시 말해,

몸에 갇히면 1차 의식Body, 신체의식, 번뇌의식만 발현되지만, 몸을 경험하는 의식이 되면 높이 떠올라61) 고차 의식Consciousness, One Self, 온전함을 발현시킨다. 이러한 영성의 지각을 학술적으로 뒷받침하는 연구가 있다.

바로 노벨상을 수상한 신경과학자 제럴드 에델만의 연구이다. 그는 의식의 범주範疇를 1차 의식과 고차 의식으로 나누었다.

에델만 연구가 밝히고 있듯이,62) 우리는 언어, 상상력, 개념의 범주화, 넓은 공간 등을 활용하여 고차 의식에 들어갈 수 있다. 인간은 동물과 달리 몸과 자신의 주변에 구속되는 삶에서 탈피하여 높은 의식으로 도약할 수 있다. 몸에 함몰된 신체의식제1자아만 있는 게 아니라 상위 자아라 불리는 창조의식제2자아이 있기 때문이다.63) 몸에 국한된 1차 의식에서 벗어나 심층 차원의 고차 의식으로 날아오를 수 있다. 인간만이 가진 이러한 고차 의식을 에델만은 "세컨드 네이처Second Nature"라고 불렀다.

우리에게는 제1자아와 제2자아가 있다. 제1자아는 신체자아로서 우리 두뇌 내면에서 끓임 없이 수다 떨고 나를 불안으로 몰고 가는 몽키 마인드, 에고이다. 에고는 오랜 진화 과정에서 자아의 생존을 최우

선 목표로 하는 존재이므로 어쩌면 자기 할 일을 하는 것이다. 하지만 우리에겐 더 높은 차원의 상위 자아로서 더 현명한 제2자아가 있다. 제2자아는 세상을 더 넓고 높은 공간에서 조망하며, 우리를 좀 더 바람직한 창조적 의식으로 이끈다. 상상, 창조, 직관, 이성을 활용하는 능력이 있다. 에델만은 이를 고차 의식이라고 불렀다.

몸은 고체와 같은 1차 의식이고, 의식은 파동과 같은 고차 의식이다. 우리는 몸에 고착된 좁고 낮은 사고에서 높고 넓은 공간과 같은 고차 의식의 관점에서 관찰해야 한다. 높고 넓은 공간이 의식에 미치는 긍정적 효과는 매우 크다.[64] 명상에서 강조하는, "전체를 통으로 인식하라는 것", "텅 빈 마음으로 전체를 하나로 인식하라는 것"은 모두 몸에 부착된 1차 의식을 벗어나라는 의미이다. 높고 청정한 공간인 고차 의식으로 들어가라는 의미이며, 하늘처럼 높고 무한한 고차 의식으로 올라가라는 것이다.[65]

의식은 모든 것을 창조하는 힘

우리 뇌는 보고 듣고 맛보는 오감을 통해 감각으로 얻은 정보든 상상력과 의지를 통해 시각화한 정보든 그 출처를 묻지 않는다.[66] 밥 프록터는 말한다. 미래에 자기가 되고 싶은 자아상을 일관되게 그리면 그런 사람으로 변한다. 강력하고 일관된 시각화는 어떤 내면에 강력한 에너지를 분출시키고 그것은 측정이 가능할 정도로 실재한다. 그것이 무의식 패러다임을 바꾸고, 꿈을 현실로 창조하게 해준다.

물질과 부의 성취만 그런 것이 아니고 형이상학적 영성의 성취도 똑같다. 우리가 사는 물질세계는 3차원으로 인식되는 가시광선의 세계이다. 가시광선 너머에 자외선, X-선, 감마선, 무한미지의 빛의 세계가 겹쳐져 있으나 우린 인지하지 못한다.

우주는 무한한 힘과 지혜를 가지고 있으며 초미립자로 이루어져 있다.[67] 우리가 바른 긍정적 마음을 갖고 깊게 호흡할 때 우리의 의식은 그 '우주의 무한력'과 동조하게 된다. "의식"을 매개체로 우린 무한한 성장과 발전을 이룰 수 있게 되는 것이다.

양자물리학적으로 표현하면, 존재하는 모든 건 에너지다. 모든 에너지는 진동하고 있고 진동하는 모든 것은 진동 주파수를 가지고 있다. 아인슈타인도 말했다. "세상의 만물은 에너지로 이루어져 있고, 진동하고 있다." 우리 인간도 진동하는 에너지이다. 몸이 아니라 의식이 보다 상위 차원에서 본질적으로 진동하는 에너지이므로 우리는 의식의 진동 주파수를 끌어올릴 때 내 세상을 보다 행복하게 창조할 수 있다.

의식은 존재하는 모든 것을 창조해내는 힘이므로 우리의 자신과 현실을 바꾸려면 의식의 진동 주파수Vibrational Frequency를 바꾸면 된다. 의식의 진동 주파수란 결국 우리의 생각과 감정이므로 내 생각과 감정이라는 파동을 높이면 나와 공명이 맞는 인연이나 기회를 끌어올 수 있다. 이것이 끌어당김의 과학적 원리이다.

가장 자주 하는 생각, 그 사람의 "존재 상태"가 그 사람을 규정한다. 심층마음에 각인된 생각, 그 사람의 "의식 상태"가 그 사람을 규정하는 것이다.

위대한 깨어남

태평양 같이 크고 거대한 바다를 한번 상상해보자. 그리고 그 바다 전체가 우리의 의식이라고 한번 생각해보자. 그 바다의 표층에는 다양한 삶들이 펼쳐지고 있다. 나도 있고 너도 있고 사물도 있다. 개체로 구분되어 따로 떨어진 것처럼 느껴지는 의식이 표층의식이다. 깊게 한번 들어가보자. 가장 깊은 곳 심해深海로 들어가면 심층의식이 있다.

그 근원에는 나와 너, 사물의 구분이 없다. 모두가 연결되어 있다. 나의 근원의식과 너의 근원의식이 따로 존재하지 않는다. 우리 모두의 근원의식 하나만 있을 뿐이다. 즉, 전체성을 띠고 있는 전체의식이다. 또 거긴 텅 비어 있다. 생각, 감정, 느낌이 따로 돌아가는 물질세상이 아니라, 모든 느낌들이 텅 비어 있는 듯 순수한 알아차림만 존재하는 곳이다. 순수의식인 것이다. 그런데 심층, 근원, 전체, 순수란 단어를 앞에 붙였지만, 이들을 빼도 된다. 저절로 알아차려지는 의식이다.

지금 눈을 들어 바깥을 보라. 거기 혹시 비에 젖어 떨어진 나뭇잎이 보이는가? 무엇이 그것을 보고 있는가? 무심코 대답해서 내가 보고 있다고 할지 모르겠다. 그걸 불교에서는 무명無明이라고 한다.[68] 나라는 몸은 여기 있어 저 나뭇잎을 보고 있다는 생각은 착각이다. 깊이 살펴보면, 나도 나뭇잎도 모두 저절로 보여지고 있지 않은가? 어떤 알 수 없는 공간이 있어, 말하자면, 그 전체의 장場이 알아차리고 있지는 않은가?

어떤 알 수 없는 공간이 있어 생각과 느낌이 나타났다 사라지는가? 그걸 또 알아차리는 그 전체의 공간은 무엇인가?

그냥 물질적 공간일 뿐이라고 착각하지 말라. 그 공간은 살아 있다. 그 공간은 죽은 공간이 아니다. 플라톤은 "모든 물질은 살아 있다. 이 세계는 살아 있다. 우주는 살아 있다."라고 말했다.[69] 미세한 입자들이 살아 있고, 티끌의 아물거림과 전하電荷 띤 입자들이 살아 있다. 그리고 알아차리고 있다. 그 알아차림이 바로 당신이다.

그러니 심층마음은 근원이었고, 전체이며 순수의식이었으나, 심층, 근원, 전체, 순수, 그런 말을 붙일 것도 없이, 그것은 내 마음 전체, 즉 저절로 알아차려지는 의식이었다. 그 알아차려지는 의식, 저절로 드러나는 마음, 그 전체의 관찰자가 바로 자신이었음을 자각하게 된다.

제2절 양자장이론

　우리는 대부분 자신을 '누군가Somebody'로 알고 살아가고 있다. 그런데 나의 진짜 모습은 몸, 시간, 공간과는 아무런 관련이 없다. 우리의 진짜 모습은 양자장場의 지성과 연결된 하나의 의식 Consciousness이다.

양자 에너지 장

　우주 속 모든 것은 핵과 전자로 이루어진 원자로 구성되어 있다. 이 원자는 99.99% 빈 공간으로 이루어져 있는 것처럼 보이지만, 이 공간은 에너지와 정보로 가득차 있다. 모든 공간은 에너지 주파수로 가득차 있고, 이 주파수가 연결되어 보이지 않는 정보의 장場을 만든다. 그러니까 이 우주의 99.99%가 에너지 주파수로 이루어진 거대한 정보의 공간이며, 이 공간을 에너지의 장場, 양자장場이라고 부른다. 이 양자장場에 있는 모든 가능성과 정보가 우리가 현실이라고 생각하는 3차원의 모든 물리 법칙에 관여한다.[70]

어떻게 이 양자장이 3차원의 물리 법칙에 관여할까?

　양자물리학자들은 이 거대한 공간에서 전자들이 움직이는 방식이 완전히 예측 불가능하다는 것을 알게 되었다. 위치를 파악하면 운동량을 알 수 없었고, 운동량을 파악하면 위치를 알 수 없었다. 전자들은 어떠한 물질적 법칙들을 전혀 따르지 않았다. 한 순간에 여기에 있다가 갑자기 다른 공간에서 나타나기도 했다. 이 전자는 양자장의 무한한 가능성과 주파수로 [동시에] 존재하고 있었다.[71]

여기서 관찰자효과가 나온다. 이 전자는 관찰자의 시선에 따라 모습을 바꾼다. 관찰자가 전자를 관찰하면 전자가 입자, 즉 물질 형태로 나타나고, 관찰하지 않고 다른 곳으로 관심을 돌리자마자 전자는 다시 파동, 즉 에너지 형태로 사라졌다. 전자는 우리가 관찰을 해야만 존재할 수 있었다. 이것이 양자장에서 물질과 마음이 만나고 서로 관계하는 방식이다.[72]

조 디스펜자는 말한다. "이 양자장에서 우리의 주관적인 의식이 관찰을 통해 전자의 형태를 부여하는 것처럼, 모든 의식은 관찰을 통해 3차원 현실에 형태를 부여한다."[73] 따라서 이 시공간 너머에 존재하는 양자장은 지성의 장, 의식의 장, 깨어남의 장이라고도 하는데, 우리가 절대 만지거나 볼 수 없는 초월적 공간인 것이다. 자연의 모든 법칙들을 만드는 곳이 바로 이 양자장이고. 양자장은 에너지 주파수로 가득 찬 [무한한 영역]이라고 할 수 있다. 그 양자장 안에는 모든 가능성들과 그 가능성들을 창조할 수 있는 에너지 주파수로 가득차 있다. "따라서 우리가 원하는 일을 현실로 나타나게 하려면 전자에게 주의를 보내 전자를 존재하게 만들었던 것처럼, 우리는 원하는 현실에 주의를 기울여서 양자장 안의 무한한 주파수 중에서 우리가 원하는 현실에 주파수를 맞추어야 한다. 그것은 양자장 안의 무한한 가능성 중에서 우리가 원하는 현실을 끄집어내는 것으로 표현할 수 있다."[74] 그러기 위해서는 먼저 우리의 의식이 3차원 세상을 넘어 양자장 안에서 머물러야 한다.

어떻게 하면 양자장에 머물 수 있을까?

양자장 안에서 머물 수 있는 유일한 방법은 자각, 즉 알아차림이다.[75] 우리의 의식이 3차원 세상 너머로 가기 위해선 우리의 몸, 사람, 장소, 시간, 사물 등 모든 3차원 감각 정보로부터 주의를 거둬들여야 한다. 그리고 그 의식을 오롯이 양자장의 무한한 가능성에 집중하는 것이다. 의식을 옮기는 '자각' 그 자체만으로 양자장 속으로 들어갈 수 있다. 그리고 그 양자장 안에서 내 에너지의 주파수와 양자장 안에 있는 에너지 주파수를 일치시키는 것이다. 그것을 공명이라고 한다.

어떻게 하면 주파수 공명이 일어날까?

그 방법은 간단하다. 내가 원하는 현실을 상상하고 그에 따른 기분 좋은 고양된 감정을 느끼면 된다. 감정은 에너지의 형태인데, 현실을 상상하고 그에 따른 기쁨, 행복, 감탄, 환희, 감사와 같은 고양된 감정을 느끼는 것이 양자장에서 내가 원하는 에너지 주파수와 조율, 공명하는 것이다.[76]

여기서 조 디스펜자와 밥 프록터의 방식이 갈린다. 조 디스펜자는 명상을 통해 집중을 하고, 그 집중을 통해 3차원 감각으로부터 주의를 거둬들임으로써 양자장에 진입할 수 있다고 가르친다.

그리고 그곳에서 원하는 현실이 이루어졌을 때 느끼는 기쁨, 행복, 감탄, 환희, 감사와 같은 고양된 감정을 미리 느낌으로써 자신의 무의식 패러다임을 바꾸라는 것이다.

밥 프록터는 우리의 의식을 사용해서 한 가지 자신이 원하는 목표를 집중적으로 상상함으로써 양자장에 진입하고, 거기에서 자신의 현실을 가로막는 부정적 감정들과 패러다임을 긍정적이고 창조적인 패러다임으로 교체하라는 것이다. 두 사람 모두 방법은 다르지만, 양자장 접속을 공통적으로 말하고 있고, 그곳에서 자신의 무의식 패러다임을 대면하고, 그것을 긍정적 패러다임으로 바꿀 때 우리가 원하는 현실이 창조된다는 점을 가르치고 있다.

그런데 왜 되는 사람이 있고 안 되는 사람이 있을까?

무의식은 문자 그대로 무의식이어서 접근하기가 쉽지 않다. 설령 접근한다고 해도 그동안 쌓아왔던 습관의 고정관념은 워낙 견고해서 바꾸기가 쉽지 않다. 그 벽을 뛰어넘는 어떤 엄청난 집중과 노력, 명상, 반복과 헌신이 필요하다. 이것을 진짜로 실행하는 사람이 있고 중간에 포기하는 사람이 있다.

무의식에 들어가는 것은 양자장에 접속하는 것과 방법이 같다. 자신을 고요히 하고 텅 빈 상태로 만들면 된다. 몸과 마음을 가라앉히면 이완을 통해 생각이 멈춘다. 고요하고 텅 빈 상태에서는 오로지 자각으로만 존재한다. 모든 오감과 감각 정보가 멈춘다.

무의식에 들어갔으면 그곳에 오래 머물러야 한다. 밝은 알아차림으로 오래 머물면 머무를수록 자신의 무의식과 습관은 긍정적으로 바뀐다. 그것을 옛날 현인들은 공적영지空寂靈知라고 했다. 퇴계와 같은 대학자는 공적영지空寂靈知, 허령지각虛靈知覺의 마음속에서 자신을 텅비우고 밝은 알아차림으로 머물렀으며, 그런 가운데 자신의 무의식 세계를 깨끗이 정화하고 높은 차원의 초의식으로 승화시킬 수 있었다.

왜 알아차림의 장일까?

양자장場은 어떻게 알아차림의 장場이 되고 더 나아가 위대한 깨어남으로 나아가는 것일까?

양자場장은 내가 몸담은 공간, 장場, Field에 대한 양자물리학적 표현이다. 그 물리학적 표현에 인문학적 의미를 붙이면 알아차림의 장場이 된다. 양자(입자)가 의식이기 때문이다.

양자는 거대 입자의 근원, 즉 바탕에 대한 표현이다. 모든 물질 입자는 아원자亞元子 파동으로 이루어져 있고, 양자물리학자들은 그 양자들이 단순한 물질이 아니고 의식임을 밝혔다. 죽어 있는 물질이 아니고 그 장場은 살아 있었던 것이다. 관찰자와 교류하고 있었고, 알아차리고, 깨어 있었다. 장場 자체가 살아 있고 알아차리고 있었던 것이다. 이를 장場 자체의 알아차림, 의식으로 이루어진 장場으로 표현하는 것이다.

거기에 조금만 더 수행과 체험이 더해지면, 그리하여 깨어나면, 내가 비워진 만큼 깨어남은 더 들어와 있게 된다. 그건 위대한 깨어남으로 나아가는 길이다.

과학적 발견

우주적 대폭발이 일어나 지금도 팽창하고 있는 그 우주 속에서 물질적 시각인 육체의 눈으로 보면 각기 분리된 입자들로 보이겠지만, 양자의 관점인 마음의 눈으로 보면 "양자 얽힘" 속에서 마치 광섬유의 빛 무늬처럼 서로 연결된 가운데 파동치고 있다.

화엄경에서 말하는 거대하고 장엄한 한송이 꽃처럼, 『그리고 모든 것이 변했다』를 쓴 아니타 무르자니의 거대한 타페스트리tapestry처럼, 씨줄과 날줄로 아름다운 화음和音을 이루는 우주의 인드라 망처럼, 한 치의 오차도 없이 지금 이 순간도 물결치듯 펼쳐지고 있다. 그게 마음의 눈으로 본 신神의 마음이고, 양자 에너지 장場이다.

물질 입자인 원자를 쪼개고 또 쪼개고 들어갔을 때 남는 것은 에너지와 진동뿐이다. 그 "태초의 빛"들이 진동하고 있고, 모두가 하나로 연결되어 빛나고 있다. 그들은 양자이고 마음들이다. 지금도 보이진 않지만, "양자 얽힘"[77]에 의해 서로 밀접하게 연결되어 있으며, 모든 가능성과 주파수를 담고서 진동하고 있다.

믿을 수 있는가?

우주 어느 곳에나, 그것이 저 먼 미지의 오르트 성운일지라도, 모든 입자들은 쿼크라 불리는 동일한 아원자소립자로 구성되어 있다는 것을.[78] 모든 물리적 현실은 시공간을 가로질러 하나로 연결된 광대한 양자장場 안에 존재하는 의식과 파동의 반영이다.[79]

믿을 수 있는가?

양자 얽힘. 빛 알갱이, 광양자를 둘로 쪼갠 쌍둥이 입자들은 아무리 멀리 떨어져 있어도 동일한 방향 스핀으로 움직였다. 빛의 속도로 정보가 전달된 게 아니라 그냥 말 그대로 동시에 반응했다.[80]

그러니 나의 존재 상태가 바뀌어야 한다. 나의 감정과 느낌이 내면과 일치되어야 한다. 꿈을 꾸고 가슴 벅찬 목표를 상상하되 행동과 의지까지 끌어당길 수 있어야 한다. 내가 진짜로 간절히 소망하면 어느새 행동과 의지까지 따라온다.

성공한 사람들은 행동과 노력 말고도 다양한 형태의 실현 방법이 있다는 것을 알고 있다. 꿈을 상상하고 확언하고, 시각화하는 "관측" 행위 역시 행동 못지않게 강력한 실현 도구라는 것을 잘 알고 있다. 성공은 단순히 힘든 노동이나 고된 노역 같은 게 아니다. 내 의식이 양자장에 들어가 가장 높은 주파수로 진동할 때, 말하자면 그런 "관측" 행위를 할 때, 내 노력은 쉽게 보상받는다.

"의식"이 나의 양자장場과 공명하여 고양된 느낌으로 진동할 때 우리는 위대한 꿈을 꿀 수 있다. 위대한 꿈은 위대한 보상으로 돌아온다. 세계적 생물학을 이끄는 브루스 립튼은 말한다.[81]

"세상은 바뀌었습니다. 우리는 학교에서 뉴턴의 물리학을 배우고 성장했지만 양자물리학이 나오면서 세상이 바뀌었습니다. 그 전에는 세상은 분리된 입자로 구성되어 있었다고 믿었고, 이러한 개체가 나의 실체인 줄로만 알았습니다. 하지만 이제 과학은 그렇게 말하지 않습니다. 세상은 에너지와 진동으로 이루어져 있고, 에너지는 실체가 없는 파동이며 에너지 장場입니다. 당신의 실체는 에너지 장場이며 진동입니다."

간절하면 이룰 수 있다

세계인의 95%가 신비한 힘의 존재를 믿는다. 그리고 그 절반이 그 존재를 신이라고 응답했다.[82] 그렇다면 그 신이라는 존재는 어디에 있으며, 우린 어떤 방식으로 신에게 응답받을 수 있을까?

양자물리학의 아버지라고 불리는 막스 플랑크는 그것을 양자장이론으로 풀었다.[83] 양자장場이란 3차원 현실에 살고 있는 물질세계의 눈에 보이진 않지만 시간 공간을 넘어 존재하는 5차원의 초월적인 에너지 장이다.

람타도 양자장場을 신의 마음이라고 불렀지만, 막스 플랑크 역시 동일한 견해를 제시했다. 만약 신이 존재한다면 그 초월적 에너지 장에 존재할 것으로 보았다. 그 에너지 장에 존재하는 절대적 힘, 거대한 지능과 의식, 말하자면 모든 앎의 총체를 신이라고 불렀다.

따라서 우리는 양자장場, 그 초월적 에너지 장에 접속하면 우리는 온전함, 기쁨, 감탄, 감사와 같은 높은 차원의 지혜와 고양된 파동을 얻을 수 있다. 그 5차원의 양자장場에 접속하면 신의 마음에 다가갈 수 있고, 거기서 우린 응답받을 수 있다. 그 접속 키워드, 비밀의 문을 여는 열쇠는 간절함과 절실함이다. 간절하면 이룰 수 있다.

양자장은 고요하고 텅 비어 있는 것 같지만 밝고 신령스러운 의식으로 가득찬 곳이다. 인간의 욕심이나 욕망만으로는 도달할 수 없으며, 오로지 고요하고 텅 빈 마음으로 간절함만이 남아 있을 때 감응한다.

위대한 깨어남

물질과 현실에 충실한 삶을 살면서도 자기만의 고유한 정신과 자존을 지키고, 그러면서 각자 자신의 역사를 써 내려가는 독창적이고도 열린 철학은 불가능할까?[84]

그것은 "공적영지"의 상태를 만들면 된다. 한번 살펴보자. 바삐 돌아가는 직장 혹은 일터에서 진공모드를 만들기는 달인이 되기 전에는 불가능하다. 그러니 아침, 저녁으로 자기만의 시간을 내서 텅 빈 모드를 만들어야 한다. 고요하고 텅 빈 모드를 만들고 자신의 삶을 전반적으로 관찰하면 된다.

양자물리학자들은 원자와 전자 등 모든 물질을 제거해도 "양자진공" 모드 자체에서 진공 에너지가 발생한다는 것을 발견했다.[85] 모든 물질을 제거했음에도 불구하고, 그 진공 장場 자체에서 끊임없이 입자와 반입자가 생성되어 요동치고 있었다. 그것은 높은 단계의 알아차림이었다.[86] 이처럼 내가 있는 이곳의 장場들이 실제로는 깨어 있음을 자각하는 것을 위대한 깨어남이라고 부른다.

고요하고 텅 빈 상태를 만들면 밝은 알아차림이 생긴다. 그곳은 전체적인 공간이며 생생한 살아있음이다.

그곳에서 우리는 비로소 우리 자신의 위치와 속도, 말하자면 전체적인 상황을 종합적으로 진단할 수 있다. 무의식적인 자율주행 모드에서 벗어나 관찰자 모드로 들어갈 수 있는 것이다. 그럴 때 우리는 자신의 삶을 총체적으로 돌아보고 성찰해 볼 수 있다.

나는 잘 살고 있는가? 어떻게 살아야 잘 사는 것일까? 나는 제대로 가고 있는가? 어떤 일을 할 때 나는 정말 신이 날까? 정말 잘 살았다고 할 수 있을까? 그런 방향을 위해 지금 내게 필요한 일은 무엇일까?

그리고 그 무엇보다 나의 희망찬 미래상은 무엇인가?

우리는 삶에 대한 성찰을 통해 비로소 우리 인생의 관찰자가 될 수 있다. 그럴 때 우리는 우리 인생에 제대로 로그인할 수 있고, 관찰자 모드, 창조 모드가 되어 우리 인생을 독창적으로 그리고 주체적으로 살 수 있다. 그것이 우리가 인생의 종착점에서 후회하지 않는 길이다.

제 11 장
높은 차원의 마음

사람은 빛나는 삶을 살고 싶어 한다. 빛나는 삶이란 자기 자신을 발견하고 자신을 구현하는 삶이다. 자신의 심층마음을 발견하고 참다운 자신의 특성을 발현하는 삶이다. 그리하여 자신만의 창세기를 쓰고, 높은 파동의 삶을 구현하며, 그리하여 그 스스로 빛나는 항성恒星과 같은 삶을 말한다.

우리를 힘들게 하는 것들

우리가 살다 보면 다양한 난관을 만난다. 때론 불안에 떨게 하는 위기들이 계속 나타난다. 아주 사소한 일에도 위축되고 비굴해질 정도로 자신이 초라하게 느껴질 때도 있다. 하지만 털고 일어나 앞으로 나아가야 한다. 자신이 한낱 부서지는 물방울이 아니라 거대한 대양임을 믿고 인생이라는 경험을 통해 배우고 앞으로 나아가야 한다. 새롭게 배우고 경험하고 성장하는 것이다.

우리에게 힘을 주는 것은 때론 거창한 것들이 아니다. 아주 사소한 작은 습관, 작은 기쁨 하나에서 우린 힘을 얻고 앞으로 나아간다. 고요히 앉은 책상 앞에서 마주한 커피 향기, 우연히 잊고 있었던 영화 음악, 창밖으로 보이는 풀잎들, 햇살에 일렁이는 나뭇가지와 그 음영의 조화들, 그 작은 루틴, 작은 습관 하나가 우리 삶에 활력을 준다.

칙센트미하이는 몰입을 말한다. 작은 "신경회로"를 만들어 몰입하는 습관을 키우라는 것이다. 배우고 경험하고 학습하면 뇌에 새로운 신경회로가 만들어진다. 새로운 신경회로는 반복을 통해 만들어 진다. 새로운 좋은 습관은 생명전자들을 결합시키고 형태공명을 발생시킨다.[87)]

높은 차원의 마음

칙센트미하이M. Csikszentmihalyi는 몰입을 높은 차원의 마음이라고 규정한다. 몰입의 단계에 들어가려면 두 가지 노력이 필요한데, 그 한 축은 역량이고 다른 한 축은 도전이다. 이를 위해 1) 목표Goal를 지향, 2) 피드백Feedback을 통해 성과를 측정, 3) 도전Challenge을 통해 더 높은 단계의 삶을 지향하는 과정이 필요하다.

도전 의식은 높으나 역량이 미약한 상태를 불안(Anxiety)이라고 하고, 역량은 높은데도 도전 의식이 낮은 상태를 권태(Boredom)라고 규정했다. 우리의 마음의식은 하루 종일 불안번뇌, + 상태와 권태무기력, - 상태를 반복한다. 이를 피하기 위해서는 불안도 권태도 아닌 고요하고 밝은 마음 상태에 도달해야 하는데, 그건 높은 차원의 마음이다. 불안과 권태의 낮은 차원과는 궤도를 달리한다.

칙센트미하이는 그것을 몰입(Flow State)이라고 불렀는데, 이는 높은 차원의 마음이다.

<그림 3-1> 칙센트미하이의 높은 차원의 마음

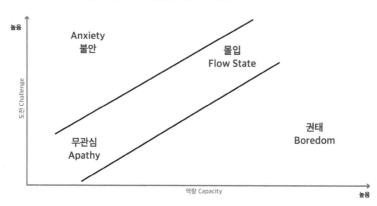

낮은 차원[88]의 죽은 기운을 살아 숨 쉬게 하는 방법은 무엇일까? 그것을 높은 차원으로 솟구쳐서 생동시키는 방법은 무엇일까?

몰입을 하면 자신감이 솟구치며 좋은 기운이 생동한다. 그것은 기운을 모으며 밝고 가볍게 만든다. 진동 주파수가 높아지는 것이다.

우주의 큰 생명一大心靈은 우주에서 가장 큰 광명이며 가장 밝은 기운이다.[89] 따라서 가장 밝게 솟구치며 힘차게 고동친다. 하지만 우리는 지혜가 부족해 일상에서 자주 그걸 놓친다. 그러면 자꾸 흩어지고 가라앉게 되어 있다.

반대로 이 이치를 알고 나면 방법이 있다. 한시도 놓치지 않고 기운을 자꾸 모으고 밝게 하는 것이다. 그러면 뜻을 이룬다. 사람은 마음먹고 노력하는 대로 되기 때문이다.

농사짓는 행위農業를 항상 잊지 않고 일 년 내내 노력하는 사람은 훌륭한 농부가 된다. 장사로 돈 버는 행위商業를 항상 잊지 않고 오직 경영만 생각하는 사람은 큰 상인이 된다. 마찬가지로, 우주 큰 생명을 항상 잊지 않고 오직 "청정한 의식"만 생각하며 그 밝고 큰 기운을 놓치지 않는 사람은 결국에는 그 밝고 큰 생명을 닮아 나간다.90) 우주의 가장 높은 차원의 마음을 향해 나아가는 것이다.

내가 그리는 미래상

그대는 어떤 모습의 미래를 그리고 있는가? 그대가 가장 닮고 싶은 미래의 모습은 무엇인가?

지금 내 앞에 다가온 것에 몰입하고 한 올 한 올 정성을 다해 그 일을 성사시킬 때 우리 뇌는 보상받는다. 뇌에서 도파민이 나와 동기를 부여해주는 것이다. 도파민은 동기부여의 원천이다. 우리 뇌는 수백억 개의 신경세포들이 얽혀 있는 네트워크를 이루는데, 좋은 습관이

자리 잡으면 신경세포들은 자기조직화된다.

한 올 한 올 정성을 다하면 그 정성으로 뇌의 신경세포가 강화된다. 그 정성은 감동으로 작용해 기저 핵(basal ganglia)까지 도달된다. 거기서 도파민이 분비되고 생기가 돋고 절차기억에 기록된다.[91] 그 힘은 다음 번 작업에도 용기를 준다. 그래서 "지극히 작은 소자에게 한 것이 나에게 한 것"(마태 25:40)이라고 하셨고, 중용-(23)에서도 "작은 일도 무시하지 말고 최선을 다해야 한다. 작은 일에도 최선을 다하면 정성스럽게 되고, 정성스럽게 되면 남을 감동시킨다."고 했다(중용, 23).

피, 땀, 눈물은 쉽게 사라지지 않는다. 그것은 살아 있는 기운으로 작용해서 형태 공명을 일으킨다. 자기 주변의 생명 전자들을 결합시키고 좋은 것들을 끌어당긴다. 이처럼 몰입하면 뇌가 최적화되고 머지않아 당신에게 놀라운 변화가 찾아오게 되는 것이다.

초월의식의 바다

우리가 엄청난 광경, 몰입의 상태, 급박한 일 등을 직면할 때에는 심층마음과 잠시 하나가 된다.

밤하늘에 펼쳐진 장엄한 우주의 신비를 본 적이 있는가? 그랜드 캐니언이나 나이아가라 같은 거대한 자연 앞에 말문이 막힌 적이 있는가? 이 때 우리 뇌의 작은 마인드EGO는 침묵하게 된다. 장엄한 광경에

압도되었을 때, 또는 엄청난 몰입, 혹은 긴박한 사안을 처리할 때도 표층의 생각 마인드는 얼어붙는다. 이때 우리는 심층마음의 참나 상태가 된다. 우리의 의식은 심층마음에 들어가게 되고 이럴 때 우리는 현존 現存하는 것이다. 존재에 대한 각성이 고조된 상태이다.

한편, 우리는 판단정지를 통해서도 이 상태에 들어갈 수 있다. 현재 내가 가지고 있는 생각을 멈추면 들어갈 수 있다. 우리는 이를 'Block out + Deep change'라고 표현했다. 차단과 변혁의 힘이다. 존재에 대한 자각의 깊이가 깊어지는 연습을 통해 우리는 자각의 힘을 점점 더 키워나갈 수 있다.

심층마음에 접속한다는 것은 단절적, 개체적 자아로부터 연기적, 초월적 자아의 세계에 접속한다는 의미이다. 표층마음인 에고에서 심층마음인 참나에 접속할 때 우리는 현존에 머물 수 있다. 이것은 순수한 마음이며, 텅 비고 무한한 의식이다. 한마디로, 초월의식의 바다이다.

인간이 걸어야 할 가장 높은 단계의 길

최근 과학은 매우 광대한 발견을 이루었고 예상치 못한 능력과 엄청난 가능성을 밝혀냈다.[92] 지난 세기는 역사상 가장 위대한 물질적 진보가 있었다. 이제 현 세기에서는 정신력과 영적인 능력에 있어 가장 위대한 진보를 보게 될 것이다.[93] 물질과학은 물질을 분자로, 분자를 원자로, 그리고 원자를 에너지로 분해했다. 그리고 마침내 심층에 이르러서는 전자 에너지가 파동이며 의식정신임을 아는 단계에 이르렀다.

대기 중에서 우리는 빛과 에너지를 발견할 수 있다. 우리가 거친 것에서 미세한 것으로, 보이는 것에서 보이지 않는 것으로, 낮은 차원에서 높은 차원으로 넘어갈수록 모든 것이 더 정교해지고 영적인 것으로 변하는 것을 보게 된다.

자연의 가장 강력한 능력은 보이지 않는 능력이다. 물질 에너지는 그 궁극적인 본질을 찾아가게 되면 우리가 정신 혹은 의식이라 불리는 근원적인 장場으로 귀결된다.

인간은 심층마음에 들어가 깨어남의 장場과 하나가 될 때 진정한 자기 자신을 발견할 수 있다. 참다운 자기 자신을 발견하고 근원과 하나 될 수 있다. 그리하여 우리의 의식은 가장 청정하고 밝은 기운으로 깨어나게 된다. 그럴 때 우리는 자신만의 가장 아름다운 삶을 창조할 수 있다. 이것이 인간이 걸어야 할 가장 높은 단계의 길이다.

원래 인간의 본성은 완전한 '의식'이다. 그것은 분열되지 않은 전체로 연결된 순수한 의식이었다. 하지만 인간은 시간이 흐르면서 또 나이 들어가면서 자아가 견고해지기 시작했다. 이제 우리는 그 순수한 심층의식의 근원을 다시 회복해야 한다.[94]

위대한 깨어남

우리가 집중의 단계를 넘어 몰입과 합일의 단계에 들어가면, 우리 의식은 초월의식이 되며 제로 포인트 필드에 접속한다. 이것은 평상시의 몸과 마음, 일상 의식 상태를 넘어선 변형 의식 상태이며, 이 상태에서 우리는 우주의 모든 게 하나로 연결된 합일 의식을 느낀다. 초의식, 초월의식, 공적영지의 상태는 우리를 참나 합일, 직관, 동시성의 영역으로 데려다 주며, 이러한 심층의식 상태에서 우리의 직관과 창의성은 극대화된다.

최근 양자물리학은 절대 진공, 양자 진공 상태에서도 그 장 자체에서 에너지가 발생하고 있음을 발견했다. 조 디스펜자는 이를 양자장이라고 했으며, 디팩 쵸프라는 제로 포인트 필드라고 했다. 이것은 우리 내면의 순수한 진아와 상시 연결되어 있으며, 제한 없고 무한한 의식이며, 광대하고 어디에나 스며들어 있는 의식이며, 높은 단계의 알아차림이다.

인도의 베단타 철학에서는 이를 순수한 "의식"인 아카샤(Akasa)라고 하고, 불교에서는 이를 슌야타(Śūnyatā), 즉 "위대한 깨어남"이라고 했다.

몸과 마음이 가라앉고 고요하고 텅 빈 의식 상태가 되면 우린 이곳에 들어갈 수 있다. 이곳에 들어가면 우리는 무의식과 대면할 수 있으며 과거의 낮은 진동 주파수와 절연하고 새로운 가능성과 기회라는 높은 진동 주파수와 합일할 수 있다. 그것은 현실에서도 새로운 삶, 기회, 창조로 나타난다.

몸과 마음으로부터 주의를 거둬들이고 내면의 영으로 들어가면 그 광대하고 무한한 인식에 머물 수 있다. 그곳은 열린 세계이며 초감각적 지각 상태로 이루어진 양자장 혹은 제로 포인트 필드이다.[95] 이러한 위대한 깨어남이 일어나면 당신은 점점 더 영적으로 열리게 된다. 당신의 의식은 점점 더 높은 차원으로 올라가 당신의 직관과 창의성, 잠재력은 최고조로 발휘된다.

무의식 변화가 핵심이다. 모든 명상과 공부의 시작은 이완이다. 몸과 마음이 이완되면서 고요함으로 들어가고 그 고요함 속에서 밝은 알아차림이 등장한다.

핵심 키워드는 반복과 습관이다. 의지를 가지고 계속 규칙적으로 두드릴 때 문은 열린다. 모든 확언, 심상화, 기도, 명상의 공통점은 고요함과 이완을 통해 깊숙한 곳, 즉 심층마음으로 들어갈 수 있다는 것이다. 거기에서 무의식을 전면적으로 변화시킬 수 있으며, 이를 통해 우리는 부와 성공, 높은 파동의 삶을 실현할 수 있다.

무의식 변화를 위해서는 심층마음에 접속해야 한다. 그 방법은 다음과 같다.

Step 1: 차단과 집중

어떻게 차단하는가? "몰라!"하고 일단 내려놓는 것이다. "몰라, 괜찮아!"하고 내려놓으면, 우리의 생각은 리셋이 되면서 제로 포인트 필드 Zero Point Field, 零點場로 들어간다. 이것은 텅 빈 알아차림의 장場이며, 우린 이곳에서 치유와 위안을 얻는다.

Step 2: 이완과 몰입

심층마음에 들어가는 제2단계 방법은 이완과 몰입이다.

· 자연 속에서 산책하기

· 목욕을 통해 이완하기

· 집중을 통해 몰입하기

몰입은 어떤 하나의 대상에 집중할 때 등장한다. 모든 산만한 생각들을 떨쳐내고 오직 한 대상에만 몰입했을 때 우리의 정신은 또렷하게 깨어난다. 지극히 고요해지고 지극히 텅 비며 그 텅 빈 자리에 오직 명료한 자각만이 존재한다. 이런 방법을 알고 몰입의 시간이 길어질수록 의식은 투명해지고 높은 차원으로 상승하게 된다. 몰입은 알아차림으로 이어지는데, 이 둘을 활용하면 우린 더 효과적으로 무의식에 매몰된 형태의 부정적 관념들로부터 해방된다.

그 결과, 나의 삶에는 창조적 모습들이 펼쳐진다.

Step 3: 알아차림

론다 번은 알아차림의 과정을 제시했다. 먼저 1단계, "나는 알아차리고 있는가? 라고 자문하라." 스스로 수시로 물어보면서 생각에 빠져 있다가도 이 질문을 통해 알아차림 상태로 빠져 나올 수 있다. 알아차림은 깨어남의 장場을 자각하는 것이다. 그 다음 2단계, "알아차림을 주목하라." 그리고 3단계는 "알아차림에 머물라."이다. 이를 위해서는, 눈동자로 초점을 맞춰 사물을 짚어서 보지 말고, 텅 빈 허공 전체를 넓게 인식하면 된다. 드높은 하늘처럼, 무한한 공간처럼 인식하라는 것이다.

Step 4: 필드(Field, 場) 명상

필드(Field, 場) 명상이 있다. 필드(Field, 場), 전체적인 의식의 장場 자체에 초점을 맞추는 명상이다. 그러니까 마음이나 생각의 내용이 아니라, 그 마음이나 생각이 일어나는 필드(Field, 場) 자체에 초점을 두는 것이다. 당신이 초점을 필드(Field, 場)로 바꾸면, 마음이나 생각을 초월하게 된다.

당신은 생각이 오고 가는 것, 좋은 기억 나쁜 기억, 이미지, 환상들을 지켜본다. 만약 당신이 생각의 내용에 초점을 두는 대신 생각이 일어나는 필드에 초점을 두기 시작한다면, 당신은 그 생각과의 동일시를 초월하기 시작한다. 그리하여 보다 상위 차원의 보는 자로 들어간다. 관찰자, 목격자, 감독자가 된다. "내가 마음이다" 대신 "나는 마음의 목격자이다."로 옮겨가기 시작한다. 그리고 마침내는 당신이 필드(Field, 場) 그 자체임을 알게 된다.

사람은 무한한 필드場다. 거기에서 의식이 일어난다. 그리고 필드場에서 일어나는 알아차림 그 자체가 당신이다.

Step 5: 관찰자 의식을 유지하라!

관찰자 의식은 장場이다. 그 전체 우주의 장場이 되어 관찰자 의식을 배양하라. 전체 우주가 한 덩어리가 되어 더하고 뺄 것도 없다. 의식은 부분이 아닌 전체다. 그것은 경계가 없고 안과 밖이 없으며 모양이 없다. 이렇게 내가 그 전체 우주의 관찰자 의식이 되어 높은 단계의 알아차림 능력을 배양하라. 그러면 인격은 곧 소멸된다. 몸과 마음도 소멸된다. 우주 전체의 필드Zero Point Field, 깨어남의 장場만 남는다. 그 장은 양자 파동으로 이루어져 있으며 전체의식이다. 그것이 어느 것 하나 뺄 것도 없는 온전한 '나'(Wholeness)이다.

전구 하나의 불이 꺼진다고 하여 우주 전체 네트워크에 변화를 주진 않는다. 그 전체적 장은 살아 있고 변하지 않는다. 그것이 법계 전체의 알아차림Awareness이다. 그것은 깨어난 의식Awakened Consciousness이다.

Step 6: 존재 상태를 바꾸라!

우리가 무의식을 쉽게 바꾸지 못하는 이유는 무엇일까? 그건 존재 상태를 바꾸지 못해서이다.

존재 상태에는 A라는 영역과 B라는 영역이 있다. A라는 영역에서 B라는 영역으로 존재 상태를 바꿔야 한다. A라는 몸에서 빠져나와 의식의 공간으로 옮겨야 한다. 물질세계에서 양자공간으로 의식의 중심을 옮겨야 한다. 존재 상태는 생각과 감정 두 가지로부터 온다. 생각하는 상태, 느끼는 상태, 이 두 가지가 당신의 지금 존재 상태이다. 당신은 지금 몸의 관행이나 낮은 생각에 빠지지 않고 어떤 창조적인 생각이나 의식적인 마음으로 고동치고 있는가?

Step 7: 높은 의식의 각성 상태를 유지하라!

우선 먼저 아침에 일어나면 바로 몸의 세계로 첨벙 뛰어들지 말라. 몸의 감각을 알아차리되 무의식의 습관에 빨려 들어가지 말라. 깨어 있는 의식으로 몸의 감각을 관찰하라. 무의식의 흐름을 예리하게 알아차리라.

몸의 세계로 첨벙 뛰어들지 말고 높은 의식에 중심을 두고 깨어 있으라는 것이 몸과 무의식을 무시해도 좋다는 뜻은 아니다. 높은 의식에 들어가는 방법도 둘로 갈라지는데, 결국 나중엔 하나로 만난다. 1) 몸을 벗어나는 방식: 높고 넓은 공간에 의식을 두고 몸을 벗어나는 방식, 2) 몸으로 더 들어가는 방식: 몸을 이완시키고 몸 내면으로 더 깊이 들어가 높은 의식을 만나는 방식. 몸을 벗어나 청정한 공간에 의식을 두든, 몸으로 더 들어가 청정한 의식과 하나가 되든 결국엔 하나로 만난다. 그건 높은 차원의 의식이다.

사람은 생각하는 대로 된다

물질과 부의 성취만 그런 것이 아니고 형이상학적 영성의 성취도 똑같다. 우주는 무한한 힘과 지혜를 가지고 있으며 초미립자로 이루어져 있다. 우리가 바르고 긍정적인 마음으로 깊게 호흡할 때 우리의 의식은 그 '우주의 무한력'과 동조하게 된다. "의식"을 매개체로 우린 무한한 성장과 발전을 이룰 수 있는 것이다.

인간은 심층마음에 들어가 깨어남의 장場과 하나가 될 때 진정한 자기 자신을 발견할 수 있다. 참다운 자기 자신을 발견하고 근원과 하나 될 수 있다. 그리하여 우리의 의식은 가장 청정하고 밝은 기운으로 깨어나게 된다. 그럴 때 우리는 자신만의 가장 아름다운 삶을 창조할 수 있다. 이것이 인간이 걸어야 할 가장 높은 단계의 길이다.

Key Point

중요한 건 눈에 보이지 않아. - 생텍쥐페리, 『어린왕자』

글을 쓰는 지금 밖에는 폭우에 돌풍이 거세다. 나뭇가지들이 꺾이고, 바람에 흩날린 잎사귀들이 비에 젖은 채 이리저리 뒹굴며 거리를 어지럽힌다. 이런 날은 천지가 오히려 고요하다. 자연이 말없이 그 위용을 드러내면서 숙연해지는 것이다.

높은 파동의 삶이란 누구라도 자기 자신만의 고유 진동수를 찾아 자신이 가장 잘 구현할 수 있는 최고의 완전한 삶을 사는 것을 말한다. 자신의 성향과 기질에 가장 최적인 상태를 만나 자신만의 가장 높은 파동의 삶을 창조하는 것이다. 다른 사람의 눈치를 보거나 사회적 관념에 구애되지 않고 자신만의 진동 주파수를 찾아 자신만의 가장 독창적인 삶을 구현하는 것이다.

니체는 말했다. "자연의 풍경 속에서 자연과 하나 되면 물아일체의 경지에 들어간다. 그 몰입 상태에서 참된 자신을 재발견하고 높은 파동의 삶을 창조하라!"[96]

이처럼 우리의 "의식"이 깨어나면 자기를 둘러싼 삶의 진정성에 눈을 뜨고 무엇이 자신에게 최선의 삶인지 인식하게 된다. 자신의 진동 주파수가 올라가면서 자기가 가장 잘할 수 있는 일을 찾을 수 있고, 집중할 수 있으며, 그 결과 자신에게 가장 높은 파동의 삶을 창조할 수 있는 것이다.

심층마음에 접속하는 법

1. 무의식과 잠재의식을 넘어 심층마음이 있다. 현재의식이 생각, 잠재의식이 감정, 무의식이 뿌리감정이라면 이 모든 것을 초월한 그 너머에 심층마음이 있다.

2. 심층마음에 들어가면 무의식을 정화할 수 있고, 이를 통해 부와 성공의 끌어당김, 높은 파동의 삶을 성취할 수 있다.

3. 심층마음에 들어가는 방법은 어렵지 않다. 심층마음은 고요하고 텅 빈 마음에 들어가면 접속된다. 그곳에 밝은 알아차림이 있다. 이를 공적영지의 마음이라고 한다. 조 디스펜자는 양자장場의 마음이라고 했다.

4. 이를 과학적으로 표현하면 두 개의 패러다임을 제시할 수 있다. 우린 주로 표층마음에서 몸과 머리로 살아간다. 아침에 눈을 뜨자마자 일정을 챙기고 해야 할 일을 머리로 계산한다. 시간과 공간이 분명하고, 세상은 뚜렷한 개체입자들의 경쟁과 협력의 공간이다.

5. 하지만 대칭되는 패러다임도 있다. 의식 중심의 패러다임이다. 세상의 본질은 의식이며, 나의 중심도 의식이다. 세상은 개체입자들로 이루어진 딱딱한 공간이 아니며, 양자에너지로 출렁이는 새로운 기회와 가능성의 바다이다.

6. 아브라함 링컨은 말했다. "보이지 않는 것을 볼 수 있는 게 진짜 축복"이라고. "나는 손이다."라고 말하는 사람은 없다. 마찬가지

로, "나는 단순히 몸"이 아니다. 눈에 보이지 않는 심층마음이 진짜 나[97]다.

7. 어떻게 보느냐에 따라 세상을 바라보는 관점은 달라진다. 양자 파동으로 이루어진 가능성의 열린 세계로 볼 것인가, 고체 입자로 이루어진 딱딱한 개체들의 기계적 생존모드로 볼 것인가?

8. 우리는 공간을 인식할 때 고요함을 느낀다. 고요함 속에서 내면의 나를 느낄 때 우리는 보이지 않는 것도 바라볼 수 있게 된다.

9. 고요하고 텅 빈 가운데 전체를 통으로 인식하면 전체 허공 의식이 세상을 비추며 알아차린다. 전체 허공 의식이 심층마음이며, 참된 나이다.

10. 우리는 쉽게 양자장場에 접속하며 그곳에서 참된 나를 발견할 수 있다. 그곳은 몸, 사람, 사물, 시간, 장소를 초월한 아무 것도 없는 텅 비고 고요한 공간이다. 그곳에서 우리는 자각으로만 존재한다. 그곳은 새로운 기회, 꿈, 삶으로 충만한 곳이기에 우리는 늘 새로운 희망과 활력으로 가득차 있다. 그곳에 들어가면 우린 부와 성공, 높은 파동의 삶을 성취할 수 있다.

미주

일러두기: * 표시된 부분은 졸저, 『심층의식의 바다』, 『위대한 깨어남』, 『위대한 성취』, 『QUANTUM MIND』 일부 내용을 새롭게 수정 보완한 것이다.

1) 밥 프록터. (2023). 『밥 프록터 부의 시크릿: 전 세계 수백만 명의 인생을 역전시킨 부와 성공의 비밀』. 최은아 옮김. 부키.
2) 루쓰 고티안. (2023). 『위대한 성취: 무엇이 성공을 만드는가』. 임현경 옮김. 알에이치코리아.
3) 하지만 거창하게 생각하지는 말자. 우리가 할 수 있는 가장 작은 단위의 습관에서부터 시작하자. 그 아주 보잘것없는, 그 자체로는 큰 쓸모도 없을 듯 보이는 사소한 습관 하나가 내 몸에 익으면 무의식은 형태공명을 발생시키고 내 안에서 살아 있는 하나의 생명이 되어 그 다음 단계를 안내해 준다. 그 안에서 자기들끼리 자기조직화를 이루고 그 힘은 더 큰 일, 그 다음 단계의 성취로 이어진다. 테레사 수녀는 말했다. "위대한 일은 없다. 오직 작은 일들만 있을 뿐이다. 그걸 위대한 마음으로 하면 된다." 문숙. (2019). 『위대한 일은 없다: 위대한 사랑이 있을 뿐』. 샨티.
4) 니체. (2007). 『인생론 에세이: 어떻게 살 것인가』. 이동진 옮김. 해누리; 부자의 언어, "니체: 산책하면 성공을 깨닫는다!"
5) 조셉 배너. (2019). 『내 안의 나』. 유영일 옮김. 올리브나무.
6) 아인슈타인은 "장(Field)은 입자의 유일한 지배자이다(The Field is the sole governing agency of the particle)"라고 했다.
7) 우리의 마음과 생각이 가지는 그 주파수로 그것과 동일한 진동으로 존재하는 에너지와 공명하며 그것을 현실을 창조하고 있는 것이다. 조 디스펜자는 그것을 일컬어 "양자 사건"이라고 했다. 조 디스펜자. (2019). 『당신도 초자연적이

될 수 있다』. 추미란 번역, 샨티; 조 디스펜자. (2021). 『브레이킹: 당신이라는 습관을 깨라: 과거에서 벗어나 새로운 내가 되는 법』. 편기욱 번역, 샨티; 책 읽는 주먹 쥐고 일어서, "끌어당김의 양자 물리학적 힌트, 의식만이 실재한다."

8) 그렉 브레이든. (2021). 『디바인 매트릭스, 느낌이 현실이 된다』. 김시현 번역. 김영사; 그렉 브레이든. (2021). 『잃어버린 기도의 비밀: 1700년간 잠들어 있던 신과 소통하는 언어』. 황소연 번역. 김영사.

9) 하봉길. (2021). 『너는 절대 잘못될 일 없어』. 명진서가; 하봉길, "왜? 나만 이토록 힘든 거지?" 하봉길 감독.

10) 의식이 확장되기 전에는 임계융합주파수CFF, Critical Fusion Frequency가 평균 초당 60회로 목전에 맞춰져 있다. 의식이 확장되고 밝아질수록 임계융합주파수 역시 상승한다.

11) 얼 나이팅케일. (2012). 『세상에서 가장 이상한 비밀』. 박옥 번역. 나라.

12) 조 디스펜자. (2016). 『당신이 플라시보다』. 추미란 번역. 샨티; 조 디스펜자. (2009). 『꿈을 이룬 사람들의 뇌』. 김재일 번역. 한언; 하봉길 감독, "길에게 길을 묻다", 즉문즉답(2023. 10. 27).

13) 시와야 노부오. (2021). 『내 뜻대로 이루어지는 힘』. 박광종 번역. 기원전.

14) 조 디스펜자. (2016). 『당신이 플라시보다』. 추미란 번역. 샨티; 조 디스펜자. (2009). 『꿈을 이룬 사람들의 뇌』. 김재일 번역. 한언; 하봉길 감독, "길에게 길을 묻다", 즉문즉답(2023. 10. 27.).

15) 나폴레온 힐. (2023). 『성공의 법칙』. 김정수 번역. 중앙경제평론사.

16) 따라서 인생의 분명한 목표는 신중하게 선택해야 하며 선택한 후에는 글로 옮겨서 적어도 하루에 한번은 보면서 확인해야 한다. 이렇게 하면 심리적인 효과로 잠재의식에 목표가 각인될 것이다. 그리고 핵심목표가 오래가는 행복을 가져다 줄 것이므로 여러분은 걱정할 필요가 없다. 나폴레온 힐. (2023). 『성공의 법칙』. 김정수 번역. 중앙경제평론사.

17) 나폴레온 힐. (2023).『성공의 법칙』. 김정수 번역. 중앙경제평론사.

18) 마인드MIND는 수다쟁이이며, 우리의 두뇌 속에서 근심과 걱정을 양산하여 불안이 꼬리에 꼬리를 물게 만드는 우리 뇌 속의 이야기꾼이다. 이를 분명하게 구분하기 위해 몽키 마인드, 생각 마인드, 에고 마인드라고 부르기도 한다.

19) 이 절은 졸저, 『정책학의 향연』을 수정한 것이다.

20) 괴테. (2016). 『곁에 두고 읽는 괴테』. 이정은 역. 홍익출판사. pp.9-12, 17-18.

21) 수 프리도. (2020). 『니체의 삶』. 박선영 옮김. Being. p.66.

22) 이 절은 졸저, 『정책학의 향연』을 수정한 것이다.

23) 박찬국. (2017). 『초인수업: 나를 넘어 나를 만나다』. 21세기북스. pp.39-40.

24) 박찬국. (2017). 『초인수업: 나를 넘어 나를 만나다』. 21세기북스. pp.34-35.

25) 이 절은 졸저, 『정책학의 향연』을 수정한 것이다.

26) 권오봉. (2012). 『퇴계선생 일대기』. 교육과학사; 이황. 정석태 번역. (2005). 『안도에게 보낸다』. 들녘.

27) 권오봉. (2012). 『퇴계선생 일대기』. 교육과학사.

28) 한형조, (2018). 『성학십도, 자기 구원의 가이드 맵』, 한국중앙연구원. p.387과 p.197.

29) 최영갑, (2021). 『성학십도』. 풀빛에서 수정 인용.

30) 하봉길. (2021). 『너는 절대 잘못될 일 없어』. 명진서가; 하봉길, "왜? 나만 이토록 힘든 거지?"; "Try to Solve the Principle of Stabilizing Life and Mind by Applying It to the Octet Rule", 하봉길 감독.

31) 박재주. (2013). 『서사적 자아와 도덕적 자아』. 철학과 현실사.

32) "서사적 나"를 구성할 때는 a) 언어로 표현될 수 있는 생각의 영역과 함께 b) 언어로 표현할 수 없는 감정, 느낌으로 이루어진 몸, 무의식의 영역이 포함된다. 해원. "내가 나를 온전히 사랑하게 되는 어떤 여정", 서사적 자아 구성하기. 2023. 8. 21.

33) 파드마삼바바. "일체가 마음이다." 울림.

34) 무의식에 자리 잡은 습관이라는 패러다임은 견고하고 단단하여 좀처럼 바뀌지 않는다. 사람은 잘 바뀌지 않는다. 오죽하면 사람이 바뀌면 "죽으려나 보다" 하고 농담하기도 한다. 하지만 해 본다. "아직도 가야할 길"이 있다면 끝까지 걸어보는 것이다. 신의 자식으로 태어난 우리를 우주가 끝까지 외면하고 버려두겠는가?

35) 윤홍식. (2014). 『내 안의 창조성을 깨우는 몰입』. 봉황동래.

36) 디팩 쵸프라. (2008) 『완전한 삶』. 구승준 옮김. 한문화.

37) 루퍼트 스파이라. (2022). 『순수한 앎의 빛』. 김인숙, 김윤 옮김. 침묵의 향기.

p. 308.

38) 론다 번. (2021). 『위대한 시크릿』. 임현경 옮김. 알에이치코리아. pp. 78-86.

39) 론다 번. (2021). 『위대한 시크릿』. 임현경 옮김. 알에이치코리아. pp. 84-85.

40) 론다 번은 알아차림의 과정을 제시했다. 먼저 1단계, "나는 알아차리고 있는 가? 라고 자문하라." 스스로 수시로 물어보면서 생각에 빠져 있다가도 이 질문을 통해 알아차림 상태로 빠져 나올 수 있다. 알아차림은 깨어남의 장場을 자각하는 것이다. 그 다음 2단계, "알아차림을 주목하라." 그리고 3단계는 "알아차림에 머물라."이다. 이를 위해서는, 눈동자로 초점을 맞춰 사물을 짚어서 보지 말고, 텅 빈 허공 전체를 넓게 인식하면 된다. 드높은 하늘처럼, 무한한 공간처럼 인식하라. 론다 번. (2021). 『위대한 시크릿』. 임현경 옮김. 알에이치코리아. pp. 78-86.

41) 린 맥태거트. (2016). 『필드: 마음과 물질이 만나는 자리』. 이충호 옮김. 김영사.

42) 영혼들의 쉼터. "필드(Field) 명상."

43) 영혼들의 쉼터. "필드(Field) 명상."

44) 마음을 읽은 고양이. "나는 누구인가? 자아형성 과정". 메타 인지.

45) 심리학자들은 만 4~7세 사이에 자아가 형성된다고 한다. 그걸 '내면 아이Inner Child'라고 하며, 그 뒤 학교와 사회생활을 통해 처음의 자아는 여러 번 변화를 겪는다. 그렇다면, 자아 형성 이전 혹은 자아 변화 과정에서 나는 아예 없었을까?

46) 몸, 생각, 감정은 변하는 나의 모습들이다. 변하는 것들이 온전한 나일 수 없다.

47) 마음을 읽은 고양이. "나는 누구인가? 자아형성 과정". 메타 인지.

48) 그것은 장場 전체를 알아차리는 자이다. 이것만이 변하지 않는 나이며, 절대적인 느낌이며, 온전한 나이다. 이것이 나의 참된 본성이며, 근원 의식眞我, 참나이다.

49) 몸, 생각, 감정 이면에, 배경에, 바탕에 변하지 않는 나가 있는데, 이 느낌은 언제나 나와 함께 있는 변하지 않는 느낌이다. 이것이 온전한 나이며, 참된 본성이다. 이를 사람들은 관찰자, 의식, 알아차림, 의식의 장, 알아차림의 장, 깨어남의 장, 심층의식, 근원의식이라고 부른다.

50) 브루스 립튼. (2016). 『당신의 주인은 DNA가 아니다』. 이창희 번역. 두레; 조디스펜자. (2021). 『브레이킹: 당신이라는 습관을 깨라: 과거에서 벗어나 새로운 내가 되는 법』. 편기욱 번역. 샨티; 나폴레온 힐. (2023). 『성공의 법칙』

김정수 번역. 중앙경제평론사; 조 디스펜자. (2019). 『당신도 초자연적이 될 수 있다』. 추미란 번역. 샨티; 브루스 립튼. (2014). 『허니문 이펙트』. 정민영·비하인드 번역. 미래시간.

51) 에크하르트 톨레는 이를 일러, "내면의 몸체를 깊숙이 들어가서 심층 수준에 존재하는 참다운 근원의식과 하나 되는 방식"이라고 말했다.

52) 몸과 무의식은 싱크로율 100%이다. 오히려 현재의식보다 훨씬 더 가깝다. 우리가 몸과 무의식과 소통하고 하나 될 수 있을 때, 우리의 생각 감정 느낌은 일렬로 정렬된다. 생각과 정렬될 때 상쾌하며, 감정과 정렬될 때 기쁘며, 느낌과 정렬될 때 우리는 황홀하다. 그럴 때 우린 열린계의 에너지에 다가갈 수 있고 무한한 초감각적 지각에 접근할 수 있다. 하봉길. (2021). 『너는 절대 잘못될 일 없어』. 명진서가.

53) 밥 프록터. (2023). 『밥 프록터 부의 시크릿: 전 세계 수백만 명의 인생을 역전시킨 부와 성공의 비밀』. 최은아 옮김. 부키.

54) 김상운. (2011). 『왓칭(WATCHING): 신이 부리는 요술』. 정신세계사; 김상운. (2016). 『왓칭 2: 시야를 넓힐수록 마법처럼 이루어진다』. 정신세계사.

55) 이것은 다시 말해 무의식에 머물지 않고 한 차원 높게 고양된 상태를 말한다. 몸 차원의 육체 의식에서 벗어나 전체차원의 의식이 되어 허공으로 날아 오른 상태이다. 이는 초의식 상태이다. 이를 통해 우리는 가난함을 벗고 부유함으로 들어갈 수 있으며, 빈곤의식에서 풍요의식으로 도약할 수 있다. 정신적 측면에서의 도약은 물질적 풍요를 수반한다. 높은 차원의 의식이 자유롭고 풍요로운 삶을 제공해준다. 아원자 상태의 양자 의식이 먼저 오고 입자 상태의 물질이 뒤따른다.

56) 마음은 몸과 영의 매개 역할을 하며, 몸에 비중을 두기도 하고 영과 의식에 더 비중을 두기도 한다. 루돌프 슈타이너. (2016). 『초감각적 세계인식에 이르는 길: 영적 계발에 대한 이해와 통찰』. 양억관. 타카하시 이와오 번역. 물병자리; 루돌프 슈타이너. (2013). 『고차 세계의 인식으로 가는 길: 어떻게 더 높은 세계를 인식하는가』. 김경식 번역. 밝은누리.

57) 불교에서는 사념思念을 업業으로 보는 가르침이 있다. 업業은 매우 중요한 개념인데, 이것이 우리의 모든 발전을 방해하기 때문이다. 따라서 쓸데없는 사념思念, 즉 번뇌 망상을 소멸시키는 것은 업業의 소멸로 이어지므로 매우 중요하다.

요약하면, 알아차림은 업장을 소멸시킨다. 이는 매우 중요한 포인트이다.

58) 람타. (2011). 『람타의 화이트 북』. 제이지 나이트 저술. 유리타 옮김. 아이커 넥; 람타. (2014). 『평행 현실: 양자장의 요동』. 손민서 번역. 유리타 감수. 아 이커넥. p.36.

59) 의식은 소프트웨어이고, 뇌는 하드웨어이다. 의식은 우주 정보이고, 뇌는 컴퓨 터 단말기이다. 굳이 비유하자면, 의식은 광대무변하고 뇌는 작다. 의식은 전 체이고 뇌는 개체이다. 하지만 컴퓨터 기능이 좋아야 정보를 잘 수신할 수 있 듯이, 우리의 뇌는 매우 중요하다. 그러나 어디까지나 의식이 주체이고, 뇌는 수단이다. 의식이 마음이라면, 뇌는 몸이다.

60) 신의 의식Divine Consciousness은 원래 깨어 있지만 우리는 망상妄想, illusion으로 전도顚倒되어 있다.

61) 이처럼 우리는 내면으로 깊이 들어가거나 우주 공간으로 크게 확장시켜 보면 의식의 본질은 우주 전체의 마음, 신의 마음, 양자장場의 초월의식, 무한의식 Infinite Consciousness과 하나로 연결되어 있음을 발견할 수 있다.

62) 제럴드 에델만. (2017). 『세컨드 네이처』. 김창대 번역. 이음.

63) 발달심리학에서는 이것을 제1자아(신체적 자아), 제2자아(사회적 자아)라고 부 르며, 제2자아로 분화되는 것을 건강한 자아 발달로 보고 있다. 고차 의식은 제2자아(사회적 자아)를 넘어 상위 자아인 영적 각성으로까지 발달할 수 있다.

64) 넓은 공간이라는 범주範疇가 의식에 미치는 영향은 이미 다양한 연구에서 밝혀 진 바 있다. 왓칭의 관찰자 효과가 바로 그것이다. 김상운. (2011). 『왓칭 (WATCHING): 신이 부리는 요술』. 정신세계사; 김상운. (2016). 『왓칭 2): 시 야를 넓힐수록 마법처럼 이루어진다』. 정신세계사. 또한, 칸트는 『순수이성비 판』에서 인간 의식(이성)에 영향을 미치는 범주를 12가지(아리스토텔레스는 10 가지)로 분류하고 있다. 이는 실체, 양, 성질, 관계, 상태, 소유, 양상, 시간, 위 치, 장소(공간) 등이다. 여기에서도 넓은 공간이 인간 의식에 미치는 긍정적 영향력을 확인할 수 있다.

65) 우리는 의식을 마우스 커서cursor 움직이듯이, 혹은 리모컨 채널channel 돌리듯 이, 마음대로 넓은 공간으로 확대할 수 있다Zoom-out. 우주처럼 높은 공간으로 가서 상위 차원에서 세상을 내려다 볼 수도 있다. 우리는 전체적인 의식의 필 드(Field, 場)와 하나 되어 높은 단계의 알아차림으로 세상을 관찰할 수 있다.

이럴 때 나타나는 긍정적 효과는 매우 크며, 이를 관찰자 효과라고 한다.

66) 조 디스펜자. (2016). 『당신이 플라시보다』. 추미란 번역. 샨티; 조 디스펜자. (2009). 『꿈을 이룬 사람들의 뇌』. 김재일 번역. 한언; 하봉길 감독, "길에게 길을 묻다", 즉문즉답(2023. 10. 27.).

67) 시와야 노부오. (2021). 『내 뜻대로 이루어지는 힘』. 박광종 번역. 기원전.

68) 심성일. "마음은 본래 고요하고 모든 걸 비추고 있다" 써니즈: 함께 성장.

69) 람타. (2014). 『평행 현실: 양자장의 요동』. 손민서 번역. 유리타 감수. 아이커넥.

70) 르네아 레아, "현실의 창조하는 원리" 르네아레아, 마인드셋; 디스펜자. (2019). 『당신도 초자연적이 될 수 있다』. 추미란 번역. 샨티; 조 디스펜자. (2021). 『브레이킹: 당신이라는 습관을 깨라: 과거에서 벗어나 새로운 내가 되는 법』. 편기욱 번역. 샨티.

71) 르네아 레아. "현실의 창조하는 원리", 마인드셋; 디스펜자. (2019). 『당신도 초자연적이 될 수 있다』. 추미란 번역. 샨티; 조 디스펜자. (2021). 『브레이킹: 당신이라는 습관을 깨라: 과거에서 벗어나 새로운 내가 되는 법』. 편기욱 번역. 샨티.

72) 르네아 레아. "현실의 창조하는 원리", 마인드셋; 디스펜자. (2019). 『당신도 초자연적이 될 수 있다』. 추미란 번역. 샨티; 조 디스펜자. (2021). 『브레이킹: 당신이라는 습관을 깨라: 과거에서 벗어나 새로운 내가 되는 법』. 편기욱 번역. 샨티.

73) 조 디스펜자. (2019). 『당신도 초자연적이 될 수 있다』. 추미란 번역. 샨티; 조 디스펜자. (2021). 『브레이킹: 당신이라는 습관을 깨라: 과거에서 벗어나 새로운 내가 되는 법』. 편기욱 번역. 샨티; 르네아 레아. "현실의 창조하는 원리" 마인드셋.

74) 르네아 레아. "현실의 창조하는 원리" 마인드셋; 디스펜자. (2019). 『당신도 초자연적이 될 수 있다』. 추미란 번역. 샨티; 조 디스펜자. (2021). 『브레이킹: 당신이라는 습관을 깨라: 과거에서 벗어나 새로운 내가 되는 법』. 편기욱 번역. 샨티.

75) 르네아 레아. "현실의 창조하는 원리" 마인드셋; 디스펜자. (2019). 『당신도 초자연적이 될 수 있다』. 추미란 번역. 샨티; 조 디스펜자. (2021). 『브레이킹: 당신이라는 습관을 깨라: 과거에서 벗어나 새로운 내가 되는 법』. 편기욱 번

역. 샨티.

76) 르네아 레아, "현실의 창조하는 원리" 마인드셋; 디스펜자. (2019). 『당신도 초
자연적이 될 수 있다』. 추미란 번역. 샨티; 조 디스펜자. (2021). 『브레이킹:
당신이라는 습관을 깨라: 과거에서 벗어나 새로운 내가 되는 법』. 편기욱 번
역. 샨티.

77) 조 디스펜자. (2021). 『브레이킹: 당신이라는 습관을 깨라: 과거에서 벗어나 새
로운 내가 되는 법』. 편기욱 번역. 샨티.

78) 람타. (2014). 『평행 현실: 양자장의 요동』. 손민서 번역. 유리타 감수. 아이커
넥. pp. 56-57.

79) 그 오르트 성운의 입자들이나 우리 행성의 꽃이나 나무, 공기나 인간들은 모두
동일한 아원자소립자로 물결치고 있다. 그들은 양자이며 의식이며 마음이다.

80) 진쏠미. "끌어당김을 양자역학으로 설명하다" 진쏠미 TV.

81) 브루스 립튼. (2014). 『허니문 이팩트』. 정민영, 비하인드 번역. 미래시간; 브루
스 립튼. (2016). 『당신의 주인은 DNA가 아니다』. 이창희 번역. 두레.

82) 그렉 브레이든. (2021). 『잃어버린 기도의 비밀: 1700년간 잠들어 있던 신과
소통하는 언어』. 황소연 번역. 김영사.

83) 그렉 브레이든. (2021). 『잃어버린 기도의 비밀: 1700년간 잠들어 있던 신과
소통하는 언어』. 황소연 번역. 김영사.

84) 말은 그럴 듯하지만, 현실의 상황은 녹록지 않은 것 같다. 그 이유 중 하나는
우리 모두 생존 모드에 얽매여 있기 때문이다. 결코 간단치 않은 인생이라는
강을 건너면서 자아라는 게 생성되고 모두가 살아남기 위해 경쟁한다. 머리에
서 내리는 생각이라는 게 주로 삶의 현장에서 살아가기 위한 생각들이다. 가
정, 직장, 삶이 터전에서 녹록지 않은 상황들과 맞닥뜨리면서 몸은 불편함으로
반응한다. 몸의 느낌은 머리로 전달되고, 머리에서는 다시 생각으로 대응한다.
조 디스펜자의 주장처럼, 생각-느낌, 몸-머리는 하나의 루프(Loop)를 형성하고
우린 어느덧 무의식 프로그램에 갇히는데, 우리 삶의 거의 95%를 장악한다.
그러다보니 사회 전반으로도 짜증 수치는 올라가고 있다. 사람들은 점점 더
여유를 잃고 예민해져간다. 뉴스를 장식하고 있는 각종 묻지 마 범죄들은 그
단적인 예이다. 하지만 물질과 현실에 충실한 삶을 살면서도 자기만의 역사를
써 내려가는 독창적이고도 열린 철학은 불가능한 것만도 아닌데, 그것이 가능

하려면 우리 현실에서 "양자진공" 상태를 만들면 된다. 그럼, 어떻게 우리 현실에서 "양자진공" 모드를 만들 수 있을까?

85) 하봉길. (2021). 『너는 절대 잘못될 일 없어』. 명진서가; 하봉길 감독, "양자진공상태" 하봉길 감독.

86) 이를 동양철학에서는 무극(無極) 혹은 진공묘유(眞空妙有)라고 한다. 그 진공 장場 자체가 하나의 신의 영역이 되어 깨어 있고 알아차리고 있었다. 거기엔 위대한 깨어남(Great Awakening)이 존재하고 있었다. 우주의 텅 빈 장場 그 자체가 장(Field)에서 발생하는 진공 에너지라는 단어에 주목해 보자. 그 텅 빈 장場 자체가 깨어 있는 의식이요 알아차림이었다Awakning Field & Consciousness. 그것은 또한 위대한 깨어남이요 알아차림이었다Great Awaking & Consciousness.

87) 형태공명은 자기와 비슷한 것들을 끌어당긴다. 그래서 중용 23장은 말한다. "작은 일도 무시하지 말고 최선을 다해야 한다. 작은 일에도 최선을 다하면 정성스럽게 되고, 정성스럽게 되면 남을 감동시키게 된다. 남을 감동시키면 이내 변하게 되고 변하면 생육된다."

88) 흩어진 기운과 가라앉은 기운은 어둡고 무겁고 침침하며 파동이 낮다. 즉, 죽은 기운으로서 낮은 차원이다. 반대로, 하나로 모아진 기운과 살아 움직이는 기운은 밝고 가볍고 명쾌하며 파동이 높다. 즉, 살아있는 기운으로서 높은 차원이다.

89) 불교에서는 하나의 기운으로서 늘 밝게 살아 숨 쉬는 우주에 충만한 큰 생명을 아미타불이라고 부른다. 인도철학에서는 우주의 큰 생명을 브라흐만이라고 부른다. 이 절대적 실재만이 유일한 실체Oneness라고 본다. 하지만 우리는 하나로 꿰어 밝지 못해 이러한 큰 생명으로부터 떨어져 있다고 느끼고, 종종 이러한 진리를 놓치고 흩어지고 무거운 기운에 떨어진다. 인도철학에서는 이를 무명無明, 마야Maya, 환영幻影이라고 부른다. 이러한 잘못된 관념을 모두 지우면 물방울(아트만, 개체)은 큰 대양(브라흐만, 전체)과 하나임을 알게 된다. 범아일여梵我一如. 브라흐만梵과 아트만我는 언제나 하나였다.

90) 불교(정토종)에서는 그 하나의 밝고 큰 생명을 아미타불이라고 하고, 그 부처님의 밝고 높은, 그리고 하나 된 기운을 자꾸 그리워하고 닮고 싶어 염원하는 행위를 염불기도라고 한다. 그는 "아미타 염불"을 통해 우주의 가장 높은 "청정한 의식"만을 생각하며 그를 닮아 나간다. 그리고 마침내 뜻을 이룬다. 그

뜻 중 하나는 극락정토에 왕생하여 부처님과 합일하는 것이다.

91) 하봉길. (2021).『너는 절대 잘못될 일 없어』. 명진서가.

92) 인류 역사는 단순한 '기술'의 역사가 아니라 보다 근원적 의미의 인간 정신 진보의 역사이다. '기술'이나 '산업'과 같은 것은 나타난 결과의 모습이고, 인류 역사를 깊이 살펴보면 나타난 결과들은 보다 근원적인 '정신'이나 '의식'에 뿌리를 두고 있었음을 알 수 있다.

93) 찰스 해넬. (2022).『성공의 비밀을 밝히는 마스터 키 시스템』. 박지경 옮김. 넥스웍.

94) 우리가 비록 성장하면서 그리고 경쟁사회를 살아가면서 자아가 분열되었다손 치더라도, 새로운 철학은 다시 우리가 순수한 존재로서의 전체성을 회복할 수 있도록 도와주어야 한다. 불교 철학은 이러한 새로운 휴머니즘의 사상적 기반을 제공해 주어야 하며, 새로운 휴머니즘에서 말하는 인간은 자신의 전체성을 온전히 회복한 인간이 되어야 한다. 그것은 전체와 하나로 연결된 의식이어야 한다. 권기헌. (2019).『정책학의 지혜』. 박영사. pp.379-380.

95) 조 디스펜자는 이것을 5차원의 양자장이라고 불렀고, 디팩 쵸프라는 이것을 절대 공으로 이루어진 제로 포인트 필드라고 불렀다.

96) 니체. (2007).『인생론 에세이: 어떻게 살 것인가』. 이동진 옮김. 해누리; 부자의 언어, "니체: 산책하면 성공을 깨닫는다!"

97) 인간을 다차원적 의식을 지닌 존재로 이해한다면, 사람에 따라서는 표층 차원의 몸육체 의식 위주로 사는 경우도 있고, 심층 차원의 더 큰 의식심층마음으로 사는 경우도 있겠지만, 본질의 관점에서 본다면 인간의 진짜 실체는 몸이 아닌 의식인 것이다.

참고문헌

국내문헌

단행본

권기헌. (2007). 『정책학의 논리』. 박영사.

권기헌. (2010). 『정책분석론』. 박영사.

권기헌. (2012). 『정의로운 국가란 무엇인가』. 박영사.

권기헌. (2013). 『행정학 콘서트』. 박영사.

권기헌. (2014). 『정책학 강의』. 박영사.

권기헌. (2017). 『정부혁명 4.0 따뜻한 공동체, 스마트한 국가』. 행복한에너지.

권기헌. (2018). 『정책학 콘서트』. 박영사.

권기헌. (2018). 『정책학의 향연』. 박영사.

권기헌. (2019). 『정책학의 지혜』. 박영사.

권기헌. (2021). 『정책학의 성찰』. 박영사.

김상운. (2016). 『왓칭2』. 정신세계사.

니체. (2007). 『인생론 에세이: 어떻게 살 것인가』. 이동진 옮김. 해누리.

디팩 초프라. (2014). 『마음의 기적』. 도솔 역. 황금부엉이.

라이언 홀리데이. (2020). 『스틸니스』. 김보람 옮김. 흐름출판.

랄프 왈도 에머슨. (2016). 『세상의 중심에 너 홀로 서라』. 강형심 옮김. 씽크뱅크.

로마노 과르디니. (2016). 『삶과 나이: 완성된 삶을 위하여』. 김태환 옮김. 문학과
　　지성사.

로맹 롤랑. (2006). 『라마크리슈나』. 박임·박종택 옮김. 정신세계사.

로버트 란자 · 밥 버먼. (2018). 『바이오센트리즘: 왜 과학은 생명과 의식을 설명하지 못하는가?』. 박세연 옮김. 예문아카이브.

뤽 페리. (2015). 『철학으로 묻고 삶으로 답하라』. 성귀수 옮김. 책읽는 수요일.

르네 듀보. (1975). 『내재하는 신』. 김용준 옮김. 탐구당.

리처드 도킨스. (2007). 『만들어진 신: 신은 과연 인간을 창조했는가?』. 이한음 옮김. 김영사.

마이클 뉴턴. (2011). 『영혼들의 여행』. 김도희·김지원 옮김. 나무생각.

마이클 뉴턴. (2011). 『영혼들의 운명』. 김지원 옮김. 나무생각.

마이클 뉴턴. (2019). 『영혼들의 기억』. 박윤정 옮김. 나무생각.

마틴 셀리그만. (2014). 『긍정심리학』. 김인자 옮김. 물푸레.

멜 로빈스. (2020). 『5초의 법칙: 당신을 시작하게 만드는 빠른 결정의 힘』. 정미화 옮김. 한빛비즈.

바스 카스트. (2016). 『지금 그 느낌이 답이다』. 장혜경 옮김. 갈매나무.

박찬국. (2017). 『초인수업: 나를 넘어 나를 만나다』. 21세기북스

백완기. (2005). 『한국 행정학 50년』. 나남.

사이토 다카시. (2015). 『혼자 있는 시간의 힘』. 장은주 옮김. 위즈덤하우스.

사토 덴. (2020). 『좋은 습관: 50부터 운을 내 편으로 만드는 좋은 습관』. 강성욱 옮김. 문예춘추사.

서웅스님. (2012). 『임제록 연의』. 아침단청.

석영중. (2016). 『자유: 도스토예프스키에게 배운다』. 예담.

소걀 린포체. (1999). 『티베트의 지혜』. 오진탁 옮김. 민음사.

수 프리도. (2020). 『니체의 삶: 역사상 가장 위대한 철학자 니체의 진정한 삶』. 박선영 옮김. Being.

신영철. (2019). 『신영철 박사의 그냥 살자: 지친 현대인을 위한 정신과의사의 조언』. 김영사.

아놀드 토인비. (2017). 『역사의 연구』. 김진원 엮음. 바른북스.

에픽테토스. (2014). 『자유와 행복에 이르는 삶의 기술』. 강분석 옮김. 사람과 책.

윌리엄 어빈. (2012). 『직언: 죽은 철학자들의 살아 있는 쓴소리』. 박여진 옮김. 토네이도.

윤홍식. (2015). 『논어: 양심을 밝히는 길』. 정당인 옮김. 살림.

이소윤·이진주. (2015). 『9번째 지능: 같은 재능, 전혀 다른 삶의 차이』. 청림출판.

전제남. (2018). 『참 나: True Self』. 제세.

정창영. (2000). 『도덕경』. 시공사.

정창영. (2000). 『바가바드 기타』. 시공사.

조앤 치티스터. (2013). 『무엇을 위해 아침에 일어나는가: 인생 오랜 질문들에 세상의 모든 지혜가 답하다』. 한정은 옮김. 판미동.

청화. (2008). 마음의 고향(3): 진여실상법문. 상상예찬.

채사장. (2019). 『지적 대화를 위한 넓고 얕은 지식: 제로 편』. 웨일북.

최준식. (2015). 『무의식에서 나를 찾다』. 시공사.

칙센트미하이. (2003). 『몰입의 기술』. 이삼출 옮김. 서울: 더불어.

칙센트미하이. (2004). 『Flow』. 최인수 옮김. 서울: 한울림.

칙센트미하이. (2006). 『몰입의 경영』. 심현식 옮김. 서울: 황금가지.

칙센트미하이. (2009). 『자기진화를 위한 몰입의 재발견』. 김우열 옮김. 서울: 한국경제신문.

캔디스 퍼트. (2009). 『감정의 분자』. 김미선 옮김. 시스테마.

켄 윌버. (2016). 『켄 윌버의 통합심리학』. 조옥경 옮김. 학지사.

톰 스톤. (2010). 『평정심』. 정채현 옮김. 아시아코치센터.

하워드 가드너. (2007). 『다중지능』. 문용린·유경재 옮김. 웅진지식하우스.

한나 아렌트. (2006). 『전체주의의 기원』. 이진우·박미애 옮김. 한길사.

헨리 데이빗 소로우. (2017). 『월든』. 박연옥 옮김. 위즈덤 하우스.

국외문헌

Arendt, Hannah. (1951). The origins of totalitarianism. Harcourt Brace And Company New York.

Arendt, Hannah. (1958). The Human Condition. Chicago: The University of Chicago Press, 1958.

Arendt, Hannah. (1968). Between Past and Future. New York: The Viking Press, 1968.

Bradford, A. (2016, May 12). Sigmund Freud: Life, Work & Theories.

Freud, S. (1918). Reflections on war and death. New York: Moffat, Yard.

Jaworski, Joseph & Flowers, Betty S. (1998). Synchronicity: The Inner Path of Leadership The Inner Path of Leadership. Berrett-Koehler Publishers.

Kelly, G., Mulgan, G., & Muers, S. (2002). Creating Public Value: An analytical framework for public service reform. London: Strategy Unit, Cabinet Office.

Lasswell. (1951). "The Policy Orientation," H.D. Lasswell and D. Lerner (eds). Policy Science, Stanford University Press, 3-15.

World Economic Forum(Global Agenda Council). (2012). Future of Government-Fast and Curious. World Economic Forum, REF 280812.

찾아보기

저자 약력

권 기 헌

미국 하버드대학교에서 정책학 석사 및 박사 학위를 취득했으며, 성균관대학교 대학원장을 역임했다. 현재 성균관대학교 행정학과 교수로 재직하고 있다.

<주요 저서> 정책학의 심층이론, Policy Science, 정책학 콘서트, 가야산으로의 7일간의 초대, 삶의 이유를 묻는 그대에게, 포스트 코로나 이후의 삶, 정의로운 국가란 무엇인가

DEEP MIND — 심층마음을 통해 높은 파동의 삶에 이르는 법

초판발행	2025년 2월 28일
지은이	권기헌
펴낸이	안종만·안상준
편 집	박가온
기획/마케팅	정연환
표지디자인	BEN STORY
제 작	고철민·김원표
펴낸곳	(주) **박영사**
	서울특별시 금천구 가산디지털2로 53, 210호(가산동, 한라시그마밸리)
	등록 1959. 3. 11. 제300-1959-1호(倫)
전 화	02)733-6771
f a x	02)736-4818
e-mail	pys@pybook.co.kr
homepage	www.pybook.co.kr
ISBN	979-11-303-2255-1 03100

정 가   18,000원